COCINA INDIA 2022

RECETAS AUTÉNTICAS PARA PRINCIPIANTES

TALA SUAREZ

Tabla de contenido

Buñuelos De Plátano Picantes

Para 4 personas

Ingredientes

4 plátanos verdes

125 g / 4½ oz de besan*

75ml / 2½ fl oz de agua

½ cucharadita de chile en polvo

¼ de cucharadita de cúrcuma

½ cucharadita de amchoor*

Sal al gusto

Aceite vegetal refinado para freír

Método

- Cocine al vapor los plátanos en su piel durante 7-8 minutos. Pelar y cortar en rodajas. Dejar de lado.

- Mezcle todos los ingredientes restantes, excepto el aceite, para formar una masa espesa. Dejar de lado.

- Calentar el aceite en una sartén. Sumerja las rodajas de plátano en la masa y fría a fuego medio hasta que se doren.

- Sirva caliente con chutney de menta

Masala Dosa

(Crepe con Relleno de Patata Picante)

Hace 10-12

Ingredientes

2 cucharadas de aceite vegetal refinado

½ cucharada de urad dhal[*]

½ cucharadita de semillas de comino

½ cucharadita de semillas de mostaza

2 cebollas grandes, finamente rebanadas

¼ de cucharadita de cúrcuma

Sal al gusto

2 papas grandes, hervidas y picadas

1 cucharada de hojas de cilantro picadas

Sada dosa fresca

Método

- Calentar el aceite en una cacerola. Agregue el urad dhal, el comino y las semillas de mostaza. Déjelos chisporrotear durante 15 segundos. Agregue las cebollas y fríalas hasta que estén transparentes.

- Agrega la cúrcuma, la sal, las patatas y las hojas de cilantro. Mezclar bien y retirar del fuego.

- Coloque una cucharada de esta mezcla de papa en el centro de cada sada dosa.

- Dobla en forma de triángulo para cubrir la mezcla de papa. Sirva caliente con chutney de coco.

Kebab de soja

Hace 2

Ingredientes

500 g / 1 libra 2 oz de pepitas de soja, remojadas durante la noche

1 cebolla finamente picada

3-4 dientes de ajo

2,5 cm / 1 pulgada de raíz de jengibre

1 cucharadita de jugo de limón

2 cucharaditas de hojas de cilantro picadas

2 cucharadas de almendras remojadas y en copos

½ cucharadita de garam masala

½ cucharadita de chile en polvo

1 cucharadita de chaat masala*

Aceite vegetal refinado para freír

Método

- Escurre las pepitas de soja. Agrega todos los ingredientes restantes, excepto el aceite. Triturar hasta obtener una pasta espesa y refrigerar durante 30 minutos.

- Divide la mezcla en bolitas del tamaño de una nuez y aplástalas.

- Calentar el aceite en una sartén. Agregue las brochetas y fríalas hasta que estén doradas. Sirva caliente con chutney de menta

Sémola Idli

(Pastel de Sémola)

Hace 12

Ingredientes

4 cucharaditas de aceite vegetal refinado

150g / 5½ oz de sémola

120ml / 4fl oz de crema agria

¼ de cucharadita de semillas de mostaza

¼ de cucharadita de semillas de comino

5 chiles verdes picados

Jengibre de raíz de 1 cm / ½ pulgada, rallado

4 cucharadas de hojas de cilantro, finamente picadas

Sal al gusto

4-5 hojas de curry

Método

- Caliente 1 cucharadita de aceite en una cacerola. Agrega la sémola y sofríe durante 30 segundos. Agrega la crema agria. Dejar de lado.

- Calentar el aceite restante en una sartén. Agregue las semillas de mostaza, las semillas de comino, los chiles verdes, el jengibre, las hojas de cilantro, la sal y las hojas de curry. Sofreír durante 2 minutos.

- Agrega esto a la mezcla de sémola. Dejar reposar durante 10 minutos.

- Vierta la mezcla de sémola en moldes idli engrasados o moldes para cupcakes. Cocine al vapor durante 15 minutos. Retirar de los moldes. Servir caliente.

Chuleta de huevo y patata

Para 4 personas

Ingredientes

4 huevos duros, triturados

2 papas, hervidas y machacadas

½ cucharadita de pimienta negra molida

2 chiles verdes picados

Jengibre de raíz de 1 cm / ½ pulgada, finamente picado

2 dientes de ajo finamente picados

½ cucharadita de jugo de limón

Sal al gusto

Aceite vegetal refinado para freír

Método

- Mezclar todos los ingredientes, excepto el aceite.

- Dividir en bolas del tamaño de una nuez y presionar para formar chuletas.

- Calentar el aceite en una cacerola. Agregue las chuletas y fríalas hasta que estén doradas.

- Servir caliente.

Chivda

(Mezcla de arroz batido)

Para 4 personas

Ingredientes

2 cucharadas de aceite vegetal refinado

1 cucharadita de semillas de mostaza

½ cucharadita de semillas de comino

½ cucharadita de cúrcuma

8 hojas de curry

750 g / 1 libra 10 oz de poha*

125 g / 4½ oz de maní

75g / 2½ oz de chana dhal*, asado

1 cucharada de azúcar en polvo

Sal al gusto

Método

- Calentar el aceite en una cacerola. Agregue las semillas de mostaza, las semillas de comino, la cúrcuma y las hojas de curry. Déjelos chisporrotear durante 15 segundos.

- Agrega todos los ingredientes restantes y sofríe durante 4-5 minutos a fuego lento.

- Deje enfriar completamente. Almacenar en un recipiente hermético.

NOTA: *Esto se puede almacenar hasta por 15 días.*

Pan Bhajjia

(Buñuelos de pan)

Para 4 personas

Ingredientes

85 g / 3 oz de harina de maíz

1 cebolla finamente picada

½ cucharadita de chile en polvo

1 cucharadita de cilantro molido

Sal al gusto

75ml / 2½ fl oz de agua

8 rebanadas de pan, en cuartos

Aceite vegetal refinado para freír

Método

- Mezclar todos los ingredientes, excepto el pan y el aceite, para hacer una masa espesa.

- Calentar el aceite en una sartén. Sumerja los trozos de pan en la masa y fría hasta que se doren.

- Sirva caliente con salsa de tomate o chutney de menta.

huevo Masala

Para 4 personas

Ingredientes

2 cebollas pequeñas picadas

2 chiles verdes picados

2 cucharadas de aceite vegetal refinado

1 cucharadita de pasta de jengibre

1 cucharadita de pasta de ajo

1 cucharadita de chile en polvo

½ cucharadita de cúrcuma

1 cucharadita de cilantro molido

1 cucharadita de comino molido

½ cucharadita de garam masala

2 tomates, finamente picados

2 cucharadas de besan*

Sal al gusto

25g / escasa 1 oz de hojas de cilantro, finamente picadas

8 huevos, hervidos y cortados por la mitad

Método

- Muele las cebollas picadas y los chiles verdes juntos para hacer una pasta gruesa.

- Calentar el aceite en una cacerola. Agregue esta pasta junto con la pasta de jengibre, pasta de ajo, chile en polvo, cúrcuma, cilantro molido, comino molido y garam masala. Mezclar bien y freír durante 3 minutos, revolviendo continuamente.

- Agrega los tomates y sofríe durante 4 minutos.

- Agrega el besan y la sal. Mezclar bien y saltear por un minuto más.

- Agrega las hojas de cilantro y sofríe por otros 2-3 minutos a fuego medio.

- Agrega los huevos y mezcla suavemente. El masala debe cubrir bien los huevos por todos lados. Cocine a fuego lento durante 3-4 minutos.

- Servir caliente.

Pakoda de gambas

(Bocadillo de gambas fritas)

Para 4 personas

Ingredientes

250g / 9oz de langostinos, pelados y desvenados

Sal al gusto

375 g / 13 oz de besan*

1 cucharadita de pasta de jengibre

1 cucharadita de pasta de ajo

½ cucharadita de cúrcuma

1 cucharadita de garam masala

150ml / 5fl oz de agua

Aceite vegetal refinado para freír

Método

- Marinar las gambas con la sal durante 20 minutos.
- Agregue los ingredientes restantes, excepto el aceite.
- Agregue suficiente agua para formar una masa espesa.
- Calentar el aceite en una cacerola. Agregue cucharadas pequeñas de la masa y fría a fuego medio hasta que se doren. Escurrir sobre papel absorbente.
- Sirva caliente con chutney de menta.

Crujientes de queso

Para 6

Ingredientes

2 cucharadas de harina blanca sin sabor

240ml / 8fl oz de leche

4 cucharadas de mantequilla

1 cebolla mediana, finamente picada

Sal al gusto

150g / 5½ oz de queso de cabra, escurrido

150 g / 5½ oz de queso cheddar rallado

12 rebanadas de pan

2 huevos batidos

Método

- Mezcle la harina, la leche y 1 cucharadita de mantequilla en una cacerola. Llevar a ebullición cuidando que no se formen grumos. Cocine a fuego lento hasta que la mezcla espese. Dejar de lado.

- Calentar la mantequilla restante en una cacerola. Freír la cebolla a fuego medio hasta que esté blanda.

- Agrega la sal, el queso de cabra, el queso cheddar y la mezcla de harina. Mezcle bien y deje reposar.

- Unte con mantequilla las rebanadas de pan. Unte una cucharada de la mezcla de queso en 6 rebanadas y cúbralas con las otras 6 rebanadas.

- Cepille la parte superior de estos sándwiches con el huevo batido.

- Hornee en un horno precalentado a 180 ° C (350 ° F / Marca de gas 6) durante 10-15 minutos hasta que se doren. Sirva caliente con salsa de tomate.

Mysore Bonda

(Bola de masa de harina frita del sur de la India)

Hace 12

Ingredientes

175 g / 6 oz de harina blanca sin sabor

1 cebolla pequeña finamente picada

1 cucharada de harina de arroz

120ml / 4fl oz de crema agria

Pizca de bicarbonato de sodio

2 cucharadas de hojas de cilantro picadas

Sal al gusto

Aceite vegetal refinado para freír

Método

- Haga la masa mezclando todos los ingredientes, excepto el aceite, juntos. Dejar reposar por 3 horas.
- Calentar el aceite en una sartén. Vierta cucharadas de la masa en ella y fría a fuego medio hasta que se doren. Sirva caliente con salsa de tomate.

Radhaballabhi

(Rollos salados bengalíes)

Rinde 12-15

Ingredientes

4 cucharadas de mung dhal*

4 cucharadas de chana dhal*

4 dientes

3 vainas de cardamomo verde

½ cucharadita de semillas de comino

3 cucharadas de ghee más extra para freír

Sal al gusto

350 g / 12 oz de harina blanca sin sabor

Método

- Remojar los dhals durante la noche. Escurre el agua y muele hasta obtener una pasta. Dejar de lado.
- Muele el clavo, el cardamomo y el comino juntos.
- Caliente 1 cucharada de ghee en una sartén. Freír las especias molidas durante 30 segundos. Agrega la pasta dhal y la sal. Sofreír a fuego medio hasta que se seque. Dejar de lado.

- Amasar la harina con 2 cucharadas de ghee, sal y suficiente agua para hacer una masa firme. Dividir en bolitas del tamaño de un limón. Enrolle en discos y coloque cucharadas de dhal frito en el centro de cada uno. Selle como una bolsa.

- Enrolle las bolsas en puris gruesos, cada uno de 10 cm / 4 pulgadas de diámetro. Dejar de lado.

- Calentar el ghee en una cacerola. Fríe los puris hasta que estén dorados.

- Escurrir sobre papel absorbente y servir caliente.

Medu Vada

(Tortas de lentejas fritas)

Para 4 personas

Ingredientes

300 g / 10 oz de urad dhal*, remojado durante 6 horas

Sal al gusto

¼ de cucharadita de asafétida

8 hojas de curry

1 cucharadita de semillas de comino

1 cucharadita de pimienta negra molida

Verdura refinada para freír

Método

- Escurre el urad dhal y tritúralo hasta obtener una pasta espesa y seca.
- Agregue todos los ingredientes restantes, excepto el aceite, y mezcle bien.
- Humedece tus palmas. Haz una bola del tamaño de un limón con la masa, aplástala y haz un agujero en el centro como una dona. Repita para el resto de la masa.
- Calentar el aceite en una sartén. Fríe las vadas hasta que estén doradas.
- Sirva caliente con sambhar.

Tortilla de tomate

Hace 10

Ingredientes

2 tomates grandes, finamente picados

180g / 6½ oz de besan*

85 g / 3 oz de harina integral

2 cucharadas de sémola

1 cebolla grande, finamente picada

½ cucharadita de pasta de jengibre

½ cucharadita de pasta de ajo

¼ de cucharadita de cúrcuma

½ cucharadita de chile en polvo

1 cucharadita de cilantro molido

½ cucharadita de comino molido, tostado en seco

25g / escasa 1 oz de hojas de cilantro, picadas

Sal al gusto

120ml / 4fl oz de agua

Verdura refinada para engrasar

Método

- Mezcle todos los ingredientes, excepto el aceite, para hacer una masa espesa.
- Engrasar y calentar una sartén plana. Extienda una cucharada de la masa sobre ella.
- Espolvoree un poco de aceite alrededor de la tortilla, cubra con una tapa y cocine a fuego medio durante 2 minutos. Voltea y repite. Repita para el resto de la masa.
- Sirva caliente con salsa de tomate o chutney de menta.

Huevo Bhurji

(Huevo revuelto picante)

Para 4 personas

Ingredientes

4 cucharadas de aceite vegetal refinado

½ cucharadita de semillas de comino

2 cebollas grandes, finamente picadas

8 dientes de ajo finamente picados

½ cucharadita de cúrcuma

3 chiles verdes finamente picados

2 tomates, finamente picados

Sal al gusto

8 huevos, batidos

10 g / ¼ oz de hojas de cilantro, picadas

Método

- Calentar el aceite en una cacerola. Agrega las semillas de comino. Déjelos chisporrotear durante 15 segundos. Agrega las cebollas y sofríelas a fuego medio hasta que estén transparentes.
- Agrega el ajo, la cúrcuma, los chiles verdes y los tomates. Sofreír durante 2 minutos. Agregue los huevos y cocine, revolviendo continuamente, hasta que los huevos estén listos.
- Adorne con las hojas de cilantro y sirva caliente.

Chuleta de huevo

Rinde 8

Ingredientes

240ml / 8fl oz de aceite vegetal refinado

1 cebolla grande, finamente picada

1 cucharadita de pasta de jengibre

1 cucharadita de pasta de ajo

Sal al gusto

½ cucharadita de pimienta negra molida

2 papas grandes, hervidas y machacadas

8 huevos duros, cortados por la mitad

1 huevo batido

100 g / 3½ oz de pan rallado

Método

- Calentar el aceite en una cacerola. Agrega la cebolla, la pasta de jengibre, la pasta de ajo, la sal y la pimienta negra. Freír a fuego medio hasta que se doren.
- Agrega las papas. Freír durante 2 minutos.
- Saque las yemas de huevo y agréguelas a la mezcla de papas. Mezclar bien.
- Rellena los huevos ahuecados con la mezcla de papa y yema de huevo.
- Sumerja estos en el huevo batido y enrolle en el pan rallado. Dejar de lado.
- Calentar el aceite en una sartén. Fríe los huevos hasta que estén dorados. Servir caliente.

Jhal Mudi

(Arroz inflado picante)

Sirve 5-6

Ingredientes

300 g / 10 oz de kurmure*

1 pepino, finamente picado

125g / 4½ oz de chana hervida*

1 papa grande, hervida y finamente picada

125 g / 4½ oz de cacahuetes tostados

1 cebolla grande, finamente picada

25g / escasa 1 oz de hojas de cilantro, finamente picadas

4-5 cucharadas de aceite de mostaza

1 cucharada de comino molido, tostado en seco

2 cucharadas de jugo de limón

Sal al gusto

Método

- Mezcle todos los ingredientes para mezclar bien. Servir inmediatamente.

Tofu Tikka

Rinde 15

Ingredientes

300 g / 10 oz de tofu, picado en trozos de 5 cm / 2 pulgadas

1 pimiento verde cortado en cubitos

1 tomate, cortado en cubitos

1 cebolla grande, cortada en cubitos

1 cucharadita de chaat masala*

250 g / 9 oz de yogur griego

½ cucharadita de garam masala

½ cucharadita de cúrcuma

1 cucharadita de pasta de ajo

1 cucharadita de jugo de limón

Sal al gusto

1 cucharada de aceite vegetal refinado

Para el adobo:

25g / escasa 1 oz de hojas de cilantro, molidas

25g / escasas 1 oz de hojas de menta, molidas

Método

- Mezcle los ingredientes de la marinada. Marine el tofu con la mezcla durante 30 minutos.
- Asa los trozos de pimiento, tomate y cebolla durante 20 minutos, volteándolos de vez en cuando.
- Espolvoree chaat masala encima. Sirva caliente con chutney de menta

Aloo Kabli

(Mezcla picante de papa, garbanzo y tamarindo)

Para 4 personas

Ingredientes

3 papas grandes, hervidas y finamente picadas

250 g / 9 oz de guisantes blancos*, hervido

1 cebolla grande, finamente picada

1 guindilla verde finamente picada

2 cucharaditas de pasta de tamarindo

2 cucharaditas de semillas de comino tostadas secas, molidas

10 g / ¼ oz de hojas de cilantro, picadas

Sal al gusto

Método

- Mezcle todos los ingredientes en un bol. Triturar ligeramente.
- Sirva frío oa temperatura ambiente.

Tortilla Masala

Rinde 6

Ingredientes

8 huevos, batidos

1 cebolla grande, finamente picada

1 tomate, finamente picado

4 chiles verdes finamente picados

2-3 dientes de ajo, finamente picados

Jengibre de raíz de 2,5 cm / 1 pulgada, finamente picado

3 cucharadas de hojas de cilantro, finamente picadas

1 cucharadita de chaat masala*

½ cucharadita de cúrcuma

Sal al gusto

6 cucharadas de aceite vegetal refinado

Método

- Mezclar todos los ingredientes, excepto el aceite, y mezclar bien.
- Calentar una sartén y esparcir 1 cucharada de aceite sobre ella. Extienda una sexta parte de la mezcla de huevo sobre ella.
- Una vez que haya cuajado, voltea la tortilla y cocina el otro lado a fuego medio.
- Repita para el resto de la masa.
- Sirva caliente con salsa de tomate o chutney de menta.

Cacahuetes Masala

Para 4 personas

Ingredientes

500g / 1lb 2oz de cacahuetes tostados

1 cebolla grande, finamente picada

3 chiles verdes finamente picados

25g / escasa 1 oz de hojas de cilantro, finamente picadas

1 papa grande, hervida y picada

1 cucharadita de chaat masala*

1 cucharada de jugo de limón

Sal al gusto

Método

- Mezcle todos los ingredientes para mezclar bien. Servir inmediatamente.

Kothmir Wadi

(Bolas de cilantro fritas)

Rinde 20-25

Ingredientes

100 g / 3½ oz de hojas de cilantro, finamente picadas

250 g / 9 oz de besan*

45 g / 1½ oz de harina de arroz

3 chiles verdes finamente picados

½ cucharadita de pasta de jengibre

½ cucharadita de pasta de ajo

1 cucharada de semillas de sésamo

1 cucharadita de cúrcuma

1 cucharadita de cilantro molido

1 cucharadita de azucar

¼ de cucharadita de asafétida

¼ de cucharadita de bicarbonato de sodio

Sal al gusto

150ml / 5fl oz de agua

Aceite vegetal refinado para engrasar más extra para freír poco profundo

Método

- En un bol, mezcle todos los ingredientes, excepto el aceite. Agrega un poco de agua para hacer una masa espesa.

- Engrase un molde redondo de 20 cm / 8 pulgadas con aceite y vierta la masa en él.

- Cocine al vapor durante 10-15 minutos. Deje reposar durante 10 minutos para que se enfríe. Pica la mezcla al vapor en trozos cuadrados.

- Calentar el aceite en una sartén. Sofreír los trozos hasta que estén dorados por ambos lados. Servir caliente.

Rollos de arroz y maíz

Para 4 personas

Ingredientes

100 g / 3½ oz de arroz al vapor, triturado

200 g / 7 oz de granos de maíz hervidos

125 g / 4½ oz de besan*

1 cebolla grande, finamente picada

1 cucharadita de garam masala

½ cucharadita de chile en polvo

10 g / ¼ oz de hojas de cilantro, picadas

Jugo de 1 limón

Sal al gusto

Aceite vegetal refinado para freír

Método

- Mezcle todos los ingredientes, excepto el aceite, juntos.
- Calentar el aceite en una cacerola. Deje caer pequeñas cucharadas de la mezcla en el aceite y fríalas hasta que estén doradas por todos lados.
- Escurrir sobre papel absorbente. Servir caliente.

Chuleta Dahi

(Chuleta de yogur)

Para 4 personas

Ingredientes

600 g / 1 lb 5 oz de yogur griego

Sal al gusto

3 cucharadas de hojas de cilantro picadas

6 chiles verdes finamente picados

200 g / 7 oz de pan rallado

1 cucharadita de garam masala

2 cucharaditas de nueces picadas

2 cucharadas de harina blanca sin sabor

½ cucharadita de bicarbonato de sodio

90 ml / 3 onzas líquidas de agua

Aceite vegetal refinado para freír

Método

- Mezclar el yogur con la sal, las hojas de cilantro, las guindillas, el pan rallado y el garam masala. Dividir en porciones del tamaño de un limón.

- Presione algunas nueces picadas en el centro de cada porción. Dejar de lado.
- Mezcle la harina, el bicarbonato de sodio y suficiente agua para hacer una masa fina. Sumerja las chuletas en la masa y reserve.
- Calentar el aceite en una cacerola. Fríe las chuletas hasta que estén doradas.
- Sirva caliente con chutney de menta

Uthappam

(Panqueque de arroz)

Hace 12

Ingredientes

500 g / 1 libra 2 oz de arroz

150 g / 5½ oz de urad dhal*

2 cucharaditas de semillas de fenogreco

Sal al gusto

12 cucharadas de aceite vegetal refinado

Método

- Mezcle todos los ingredientes, excepto el aceite, juntos. Remojar en agua durante 6-7 horas. Escurrir y triturar hasta obtener una pasta fina. Dejar reposar durante 8 horas para que fermente.
- Calentar una sartén y esparcir 1 cucharadita de aceite sobre ella.
- Vierta una cucharada grande de masa. Extienda como un panqueque.
- Cocine a fuego lento durante 2-3 minutos. Voltea y repite.
- Repita para el resto de la masa. Servir caliente.

Koraishutir Kochuri

(Pan Relleno de Guisantes)

Para 4 personas

Ingredientes

175 g / 6 oz de harina blanca sin sabor

¾ cucharadita de sal

2 cucharadas de ghee más extra para freír

500 g / 1 libra 2 oz de guisantes congelados

2,5 cm / 1 pulgada de raíz de jengibre

4 chiles verdes pequeños

2 cucharadas de semillas de hinojo

¼ de cucharadita de asafétida

Método

- Amasar la harina con ¼ de cucharadita de sal y 2 cucharadas de ghee. Dejar de lado.
- Moler los guisantes, el jengibre, los chiles y el hinojo hasta obtener una pasta fina. Dejar de lado.
- Caliente una cucharadita de ghee en una cacerola. Freír la asafétida durante 30 segundos.
- Agregue la pasta de guisantes y ½ cucharadita de sal. Sofreír durante 5 minutos. Dejar de lado.

- Divide la masa en 8 bolas. Aplana y rellena cada uno con la mezcla de guisantes. Selle como una bolsa y vuelva a aplanar. Estirar en discos redondos.
- Calentar el ghee en una cacerola. Agrega los discos rellenos y sofríe a fuego medio hasta que se doren. Escurrir sobre papel absorbente y servir caliente.

Kanda Vada

(Chuleta de cebolla)

Para 4 personas

Ingredientes

4 cebollas grandes, en rodajas

4 chiles verdes finamente picados

10 g / ¼ oz de hojas de cilantro, picadas

¾ cucharadita de pasta de ajo

¾ cucharadita de pasta de jengibre

½ cucharadita de cúrcuma

Pizca de bicarbonato de sodio

Sal al gusto

250 g / 9 oz de besan*

Aceite vegetal refinado para freír

Método

- Mezclar todos los ingredientes, excepto el aceite. Amasar y dejar reposar durante 10 minutos.
- Calentar el aceite en una cacerola. Agregue cucharadas de la mezcla al aceite y fría a fuego medio hasta que se doren. Servir caliente.

Aloo Tuk

(Bocadillo de papa picante)

Para 4 personas

Ingredientes

8-10 patatas baby, sancochadas

Sal al gusto

Aceite vegetal refinado para freír

2 cucharadas de salsa picante de menta

2 cucharadas de chutney de tomate dulce

1 cebolla grande, finamente picada

2-3 chiles verdes, finamente picados

1 cucharadita de sal negra en polvo

1 cucharadita de chaat masala*

Jugo de 1 limón

Método

- Presione las papas suavemente para aplanarlas un poco. Espolvorear con sal.
- Calentar el aceite en una cacerola. Agregue las papas y fríalas hasta que estén doradas por todos lados.

- Transfiera las papas a una fuente para servir. Espolvorea la salsa picante de menta y la salsa picante de tomate dulce sobre ellos.
- Espolvoree la cebolla, los chiles verdes, la sal negra, el chaat masala y el jugo de limón por encima. Servir inmediatamente.

Chuleta de coco

Ingredientes

200 g / 7 oz de coco fresco rallado

2,5 cm / 1 pulgada de raíz de jengibre

4 chiles verdes

2 cebollas grandes, finamente picadas

50g / 1¾oz de hojas de cilantro

4-5 hojas de curry

Sal al gusto

2 papas grandes, hervidas y machacadas

2 huevos batidos

100 g / 3½ oz de pan rallado

Aceite vegetal refinado para freír

Método

- Muele el coco, el jengibre, los chiles, las cebollas, las hojas de cilantro y las hojas de curry. Dejar de lado.
- Agregue sal a las papas y mezcle bien.
- Haga bolas de papa del tamaño de un limón y aplánelas en la palma de su mano.

- Coloque un poco de mezcla de coco molido en el centro de cada chuleta. Selle como una bolsa y vuelva a aplanar suavemente.
- Sumerja cada chuleta en el huevo batido y enrolle el pan rallado.
- Calentar el aceite en una cacerola. Fríe las chuletas hasta que estén doradas.
- Escurrir sobre papel absorbente y servir caliente con chutney de menta.

Mung Sprout Dhokla

(Pastel de brotes de mungo al vapor)

Hace 20

Ingredientes

200 g / 7 oz de frijoles mungo germinados

150 g / 5½ oz de mung dhal*

2 cucharadas de crema agria

Sal al gusto

2 cucharadas de zanahoria rallada

Aceite vegetal refinado para engrasar

Método

- Mezcle los frijoles mungo, el mung dhal y la crema agria. Triturar juntos hasta obtener una pasta suave. Fermentar durante 3-4 horas. Agrega la sal y reserva.
- Engrase un molde para pastel redondo de 20 cm. Vierta la mezcla de dhal en ella. Espolvoree las zanahorias por encima y cocine al vapor durante 7 minutos.
- Picar en trozos y servir caliente.

Paneer Pakoda

(Paneer rebozado frito)

Para 4 personas

Ingredientes

2½ cucharaditas de chile en polvo

1¼ cucharadita de amchoor*

Paneer 250g / 9oz*, cortado en trozos grandes

8 cucharadas de besan*

Sal al gusto

Pizca de bicarbonato de sodio

150ml / 5fl oz de agua

Aceite vegetal refinado para freír

Método

- Mezcle 1 cucharada de chile en polvo y el amchoor. Marina los trozos de paneer con la mezcla durante 20 minutos.
- Mezclar el besan con el chile en polvo restante, la sal, el bicarbonato de sodio y suficiente agua para hacer la masa.
- Calentar el aceite en una cacerola. Sumerja cada pieza de paneer en la masa y fría a fuego medio hasta que se doren.
- Sirva caliente con chutney de menta

Pan de Carne de la India

Para 4 personas

Ingredientes

500g / 1lb 2oz carne picada

200g / 7oz lonchas de tocino

½ cucharadita de pasta de jengibre

½ cucharadita de pasta de ajo

2 chiles verdes finamente picados

½ cucharadita de pimienta negra molida

¼ de cucharadita de nuez moscada rallada

Jugo de 1 limón

Sal al gusto

2 huevos batidos

Método

- En una cacerola, mezcle todos los ingredientes, excepto los huevos.
- Cocine a fuego alto hasta que la mezcla esté seca. Dejar enfriar.
- Agrega los huevos batidos y mezcla bien. Vierta en un molde para pastel de 20 x 10 cm / 8 x 4 pulgadas.
- Cocine al vapor la mezcla durante 15-20 minutos. Deje enfriar durante 10 minutos. Cortar en rodajas y servir caliente.

Paneer Tikka

(Paneer Patty)

Para 4 personas

Ingredientes

Paneer 250g / 9oz*, picado en 12 trozos

2 tomates, cortados en cuartos y sin pulpa

2 pimientos verdes, sin corazón y en cuartos

2 cebollas medianas, en cuartos

3-4 hojas de col, ralladas

1 cebolla pequeña, finamente rebanada

Para el adobo:

1 cucharadita de pasta de jengibre

1 cucharadita de pasta de ajo

250 g / 9 oz de yogur griego

2 cucharadas de nata

Sal al gusto

Método

- Mezcle los ingredientes de la marinada. Marina el paneer, los tomates, los pimientos y las cebollas con esta mezcla durante 2-3 horas.

- Ensamblarlos uno tras otro y asar a la parrilla en una parrilla de carbón hasta que los trozos de paneer estén dorados.

- Decora con el repollo y la cebolla. Servir caliente.

Chuleta Paneer

Hace 10

Ingredientes

1 cucharada de ghee

2 cebollas grandes, finamente picadas

Jengibre de raíz de 2,5 cm / 1 pulgada, rallado

2 chiles verdes finamente picados

4 dientes de ajo finamente picados

3 papas, hervidas y machacadas

300 g / 10 oz de queso de cabra, escurrido

1 cucharada de harina blanca normal

3 cucharadas de hojas de cilantro picadas

50g / 1¾oz de pan rallado

Sal al gusto

Aceite vegetal refinado para freír

Método

- Calentar el ghee en una cacerola. Agrega las cebollas, el jengibre, las guindillas y el ajo. Freír, revolviendo con frecuencia, hasta que la cebolla se dore. Retirar del fuego.

- Agrega las patatas, el queso de cabra, la harina, las hojas de cilantro, el pan rallado y la sal. Mezcle bien y forme chuletas con la mezcla.

- Calentar el aceite en una cacerola. Sofreír las chuletas hasta que estén doradas. Servir caliente.

Kebab dhal

(Dhal Kebab)

Hace 12

Ingredientes

600 g / 1 lb 5 oz masoor dhal*

1,2 litros / 2 pintas de agua

Sal al gusto

3 cucharadas de hojas de cilantro picadas

3 cucharadas de harina de maíz

3 cucharadas de pan rallado

1 cucharadita de pasta de ajo

Aceite vegetal refinado para freír

Método

- Cuece el dhal con el agua y la sal en una cacerola a fuego medio durante 30 minutos. Escurre el exceso de agua y tritura el dhal cocido con una cuchara de madera.
- Agrega todos los ingredientes restantes, excepto el aceite. Mezclar bien y dar forma a la mezcla en 12 hamburguesas.

- Calentar el aceite en una cacerola. Fríe las hamburguesas hasta que estén doradas. Escurrir sobre papel absorbente y servir caliente.

Bolas de arroz saladas

Para 4 personas

Ingredientes

100 g / 3½ oz de arroz al vapor

125 g / 4½ oz de besan*

125 g / 4½ oz de yogur

½ cucharadita de chile en polvo

¼ de cucharadita de cúrcuma

1 cucharadita de garam masala

Sal al gusto

Aceite vegetal refinado para freír

Método

- Tritura el arroz con una cuchara de madera. Agregue todos los ingredientes restantes, excepto el aceite, y mezcle bien. Esto debería hacer una masa con una consistencia de mezcla para pastel. Agregue agua si es necesario.

- Calentar el aceite en una sartén. Agregue cucharadas de la masa y fría a fuego medio hasta que se doren.

- Escurrir sobre papel absorbente y servir caliente.

Roti Roll nutritivo

Para 4 personas

Ingredientes
Para el llenado:

1 cucharadita de semillas de comino

1 cucharadita de mantequilla

1 papa hervida, machacada

1 huevo cocido, finamente picado

1 cucharada de hojas de cilantro picadas

½ cucharadita de chile en polvo

Pizca de pimienta negra molida

Una pizca de garam masala

1 cucharada de cebollas verdes finamente picadas

Sal al gusto

Para el roti:

85 g / 3 oz de harina integral

1 cucharadita de aceite vegetal refinado

Pizca de sal

Método

- Mezclar todos los ingredientes para el relleno y triturar bien. Dejar de lado.
- Mezclar todos los ingredientes para el roti. Amasar hasta obtener una masa flexible.
- Haga bolas de masa del tamaño de una nuez y enrolle cada una en discos.
- Extienda el relleno triturado de manera fina y uniforme en cada disco. Enrolle cada disco en un rollo apretado.
- Ase los panecillos ligeramente en una sartén caliente. Servir caliente.

Brocheta de pollo y menta

Hace 20

Ingredientes

500 g / 1 libra 2 oz de pollo picado

50 g / 1¾oz de hojas de menta, finamente picadas

4 chiles verdes finamente picados

1 cucharadita de cilantro molido

1 cucharadita de comino molido

Jugo de 1 limón

1 cucharadita de pasta de jengibre

1 cucharadita de pasta de ajo

1 huevo batido

1 cucharada de harina de maíz

Sal al gusto

Aceite vegetal refinado para freír

Método

- Mezclar todos los ingredientes, excepto el aceite. Amasar hasta obtener una masa suave.
- Dividir la masa en 20 porciones y aplanar cada una.
- Calentar el aceite en una sartén. Freír las brochetas a fuego medio hasta que se doren. Sirva caliente con chutney de menta

Patatas Fritas Masala

Para 4 personas

Ingredientes

200 g / 7 oz de patatas fritas saladas sin sabor

2 cebollas finamente picadas

10 g / ¼ oz de hojas de cilantro, finamente picadas

2 cucharaditas de jugo de limón

1 cucharadita de chaat masala*

Sal al gusto

Método

- Desmenuza las patatas fritas. Agregue todos los ingredientes y revuelva para mezclar bien.
- Servir inmediatamente.

Samosa de verduras mixtas

(Salado de verduras mixtas)

Hace 10

Ingredientes

2 cucharadas de aceite vegetal refinado más extra para freír

1 cebolla grande, finamente picada

175 g / 6 oz de pasta de jengibre

1 cucharadita de comino molido, tostado en seco

Sal al gusto

2 papas, hervidas y finamente picadas

125 g / 4½ oz de guisantes cocidos

Para la repostería:

175 g / 6 oz de harina blanca sin sabor

Pizca de sal

2 cucharadas de aceite vegetal refinado

100ml / 3½ fl oz de agua

Método

- Caliente 2 cucharadas de aceite en una sartén. Agrega la cebolla, el jengibre y el comino molido. Freír durante 3-5 minutos, revolviendo continuamente.

- Agrega la sal, las papas y los guisantes. Mezclar bien y triturar. Dejar de lado.

- Hacer conos de masa con los ingredientes de la repostería, como en la receta de Papa Samosa

- Llene cada cono con 1 cucharada de mezcla de papas y guisantes y selle los bordes.

- Calentar el aceite en una sartén y freír los conos hasta que se doren.

- Escurrir y servir caliente con salsa de tomate o chutney de menta.

Rollos de carne picada

Hace 12

Ingredientes

500g / 1lb 2 oz de carne picada de cordero

2 chiles verdes finamente picados

Jengibre de raíz de 2,5 cm / 1 pulgada, finamente picado

2 dientes de ajo finamente picados

1 cucharadita de garam masala

1 cebolla grande, finamente picada

25g / escasa 1 oz de hojas de cilantro, picadas

1 huevo batido

Sal al gusto

50g / 1¾oz de pan rallado

Aceite vegetal refinado para freír

Método

- Mezclar todos los ingredientes, excepto el pan rallado y el aceite. Divide la mezcla en 12 porciones cilíndricas. Enrolle el pan rallado. Dejar de lado.
- Calentar el aceite en una sartén. Freír los panecillos a fuego lento hasta que estén dorados por todos lados.
- Sirva caliente con chutney de coco verde

Kebab golli

(Rollitos de verduras)

Hace 12

Ingredientes

1 zanahoria grande, finamente picada

50g / 1¾oz de frijoles franceses, picados

50g / 1¾oz de repollo, finamente picado

1 cebolla pequeña rallada

1 cucharadita de pasta de ajo

2 chiles verdes

Sal al gusto

½ cucharadita de azúcar en polvo

½ cucharadita de amchoor*

50g / 1¾oz de pan rallado

125 g / 4½ oz de besan*

Aceite vegetal refinado para freír

Método

- Mezclar todos los ingredientes, excepto el aceite. Forma 12 cilindros.
- Calentar el aceite en una sartén. Freír los cilindros hasta que estén dorados.
- Sirva caliente con salsa de tomate.

Mathis

(Aperitivos fritos)

Ingredientes

350 g / 12 oz de harina blanca sin sabor

200ml / 7fl oz de agua tibia

1 cucharada de ghee

1 cucharadita de semillas de ajowan

1 cucharada de ghee

Sal al gusto

Aceite vegetal refinado para freír

Método

- Mezclar todos los ingredientes, excepto el aceite. Amasar hasta obtener una masa flexible.
- Divide la masa en 25 porciones. Enrolle cada porción en un disco de 5 cm de diámetro. Pinchar los discos con un tenedor y dejar reposar durante 30 minutos.
- Calentar el aceite en una cacerola. Fríe los discos hasta que se tornen de un color dorado pálido.
- Escurrir sobre papel absorbente. Dejar enfriar y guardar en un recipiente hermético.

Poha Pakoda

Para 4 personas

Ingredientes

100 g / 3½ oz de poha_*_

500ml / 16fl oz de agua

125 g / 4½ oz de cacahuetes, machacados gruesos

½ cucharadita de pasta de jengibre

½ cucharadita de pasta de ajo

2 cucharaditas de jugo de limón

1 cucharadita de azucar

1 cucharadita de cilantro molido

½ cucharadita de comino molido

10 g / ¼ oz de hojas de cilantro, finamente picadas

Sal al gusto

Aceite vegetal refinado para freír

Método

- Remoja la poha en el agua durante 15 minutos. Escurrir y mezclar con todos los ingredientes restantes, excepto el aceite. Forma bolas del tamaño de una nuez.
- Calentar el aceite en una sartén. Fríe las bolas de poha a fuego medio hasta que se doren.
- Escurrir sobre papel absorbente. Sirva caliente con chutney de menta

Hariyali Murgh Tikka

(Pollo verde Tikka)

Para 4 personas

Ingredientes

650 g / 1 lb 6 oz de pollo deshuesado, picado en trozos de 5 cm / 2 pulgadas

Aceite vegetal refinado para rociar

Para el adobo:

Sal al gusto

125 g / 4½ oz de yogur

1 cucharada de pasta de jengibre

1 cucharada de pasta de ajo

25g / escasas 1 oz de hojas de menta, molidas

25g / escasa 1 oz de hojas de cilantro, molidas

50g / 1¾oz de espinacas, molidas

2 cucharadas de garam masala

3 cucharadas de jugo de limón

Método

- Mezcle los ingredientes de la marinada. Marine el pollo con esta mezcla durante 5-6 horas en el refrigerador. Retirar del refrigerador al menos una hora antes de cocinar.

- Asa los trozos de pollo en brochetas o en una bandeja para asar untada con aceite. Cocine hasta que el pollo se dore por todos lados. Servir caliente.

Boti kebab

(Brocheta de cordero del tamaño de un bocado)

Hace 20

Ingredientes

500 g / 1 lb 2 oz de cordero deshuesado, picado en trozos pequeños

1 cucharadita de pasta de jengibre

2 cucharaditas de pasta de ajo

2 cucharaditas de chiles verdes

½ cucharada de cilantro molido

½ cucharada de comino molido

¼ de cucharadita de cúrcuma

1 cucharadita de chile en polvo

¾ cucharadita de garam masala

Jugo de 1 limón

Sal al gusto

Método

- Mezclar bien todos los ingredientes y dejar reposar durante 3 horas.

- Pinche los trozos de cordero. Cocine sobre una parrilla de carbón durante 20 minutos hasta que se doren. Servir caliente.

Chaat

(Bocadillo de papa salado)

Para 4 personas

Ingredientes

Aceite vegetal refinado para freír

4 papas medianas, hervidas, peladas y cortadas en trozos de 2,5 cm / 1 pulgada

½ cucharadita de chile en polvo

Sal al gusto

1 cucharadita de comino molido, tostado en seco

1½ cucharadita de chaat masala*

1 cucharadita de jugo de limón

2 cucharadas de chutney de mango dulce y picante

1 cucharada de salsa picante de menta

10 g / ¼ oz de hojas de cilantro, picadas

1 cebolla grande, finamente picada

Método

- Calentar el aceite en una sartén. Fríe las patatas a fuego medio hasta que estén doradas por todos lados. Escurrir sobre papel absorbente.

- En un tazón, mezcle las papas con el chile en polvo, la sal, el comino molido, el chaat masala, el jugo de limón, el chutney de mango dulce y caliente y el chutney de menta. Adorne con las hojas de cilantro y la cebolla. Servir inmediatamente.

Coco Dosa

(Crepe de arroz con coco)

Hace 10-12

Ingredientes

250 g de arroz, remojado durante 4 horas

100 g / 3½ oz de poha*, remojado durante 15 minutos

100 g / 3½ oz de arroz al vapor

50g / 1¾oz de coco fresco rallado

50g / 1¾oz de hojas de cilantro, picadas

Sal al gusto

12 cucharaditas de aceite vegetal refinado

Método

- Muela todos los ingredientes, excepto el aceite, juntos para formar una masa espesa.
- Engrasar y calentar una sartén plana. Vierta una cucharada de la masa y unte con el dorso de una cuchara para hacer una crepe fina. Vierta una cucharadita de aceite sobre él. Cocine hasta que esté crujiente. Repita para el resto de la masa.
- Sirva caliente con chutney de coco.

Empanadas de frutas secas

Rinde 8

Ingredientes

50 g / 1¾oz de frutas secas mixtas, finamente picadas

2 cucharadas de chutney de mango dulce y picante

4 papas grandes, hervidas y machacadas

2 chiles verdes finamente picados

1 cucharada de harina de maíz

Sal al gusto

Aceite vegetal refinado para freír

Método

- Mezclar los frutos secos con la salsa picante de mango dulce y caliente. Dejar de lado.
- Mezclar las patatas, los chiles verdes, la maicena y la sal.
- Divide la mezcla en 8 bolitas del tamaño de un limón. Aplánelos presionándolos suavemente entre sus palmas.
- Coloque un poco de mezcla de frutas secas en el centro de cada uno y selle como una bolsa. Aplanar una vez más para formar empanadas.

- Calentar el aceite en una sartén. Agregue las hamburguesas y fríalas a fuego medio hasta que estén doradas por todos lados. Servir caliente.

Arroz Cocido Dosa

Hace 10-12

Ingredientes

100 g / 3½ oz de arroz al vapor

250 g / 9 oz de besan*

3-4 chiles verdes, finamente picados

1 cebolla finamente picada

50g / 1¾oz de hojas de cilantro, picadas

8 hojas de curry, finamente picadas

Pizca de asafétida

3 cucharadas de yogur

Sal al gusto

150ml / 5fl oz de agua

12 cucharaditas de aceite vegetal refinado

Método

- Mezcla todos los ingredientes juntos. Triturar ligeramente y agregar un poco de agua para hacer una masa espesa.

- Engrasar y calentar una sartén plana. Vierta una cucharada de la masa encima y extienda para hacer una crepe fina. Vierta una cucharadita de aceite alrededor. Cocine hasta que esté crujiente. Repita para el resto de la masa.

- Sirva caliente con chutney de coco.

Empanadas de plátano verde

Hace 10

Ingredientes

6 plátanos verdes, hervidos y machacados

3 chiles verdes finamente picados

1 cebolla pequeña finamente picada

¼ de cucharadita de cúrcuma

1 cucharada de harina de maíz

1 cucharadita de cilantro molido

1 cucharadita de comino molido

1 cucharadita de jugo de limón

½ cucharadita de pasta de jengibre

½ cucharadita de pasta de ajo

Sal al gusto

Aceite vegetal refinado para freír

Método

- Mezclar todos los ingredientes, excepto el aceite. Amasar bien.
- Dividir en 10 bolas iguales. Aplanar en empanadas.
- Calentar el aceite en una sartén. Agregue algunas hamburguesas a la vez y fríalas hasta que estén doradas por todos lados.
- Sirva caliente con salsa de tomate o chutney de menta.

Sooji Vada

(Snack de sémola frita)

Rinde 25-30

Ingredientes

200g / 7oz de sémola

250 g / 9 oz de yogur

1 cebolla grande picada

Jengibre de raíz de 2,5 cm / 1 pulgada, rallado

8 hojas de curry

4 chiles verdes finamente picados

½ coco fresco, molido

Sal al gusto

Aceite vegetal refinado para freír

Método

- Mezcle todos los ingredientes, excepto el aceite, para hacer una masa espesa. Dejar de lado.
- Calentar el aceite en una sartén. Agregue suavemente cucharadas de la masa y fría a fuego medio hasta que se doren.
- Escurrir sobre papel absorbente. Sirva caliente con chutney de menta

Bocados salados agridulces

Hace 20

Ingredientes

2 cucharadas de aceite vegetal refinado

1 cucharadita de semillas de mostaza

1 cucharadita de semillas de sésamo

7-8 hojas de curry

2 cucharadas de hojas de cilantro finamente picadas

Para las muthias:

200 g / 7 oz de arroz al vapor

50g / 1¾oz de repollo rallado

1 zanahoria mediana rallada

125 g / 4½ oz de guisantes congelados, descongelados y triturados

4 chiles verdes finamente picados

1 cucharadita de pasta de jengibre

1 cucharadita de pasta de ajo

2 cucharadas de azúcar en polvo

2 cucharadas de jugo de limón

Pizca de cúrcuma

1 cucharadita de garam masala

3 cucharadas de salsa de tomate

Sal al gusto

Método

- Mezcle todos los ingredientes de muthia en un bol. Amasar bien.
- Transfiera esta mezcla a un molde para pasteles redondo engrasado de 20 cm / 8 pulgadas y extiéndalo uniformemente.
- Coloque la lata en una vaporera y cocine al vapor durante 15-20 minutos. Dejar enfriar durante 15 minutos. Cortar en trozos en forma de diamante. Dejar de lado.
- Calentar el aceite en una cacerola. Agrega las semillas de mostaza, las semillas de sésamo y las hojas de curry. Déjelos chisporrotear durante 15 segundos.
- Vierta esto directamente sobre las muthias. Adorna con el cilantro y sirve caliente.

Empanadas de gambas

Para 4 personas

Ingredientes

2 cucharadas de aceite vegetal refinado más para freír

1 cebolla finamente picada

Jengibre de raíz de 2,5 cm / 1 pulgada, finamente picado

2 dientes de ajo finamente picados

250 g de langostinos, limpios y desvenados

1 cucharadita de garam masala

Sal al gusto

1 cucharadita de jugo de limón

2 cucharadas de hojas de cilantro picadas

5 papas grandes, hervidas y machacadas

100 g / 3½ oz de pan rallado

Método

- Caliente 2 cucharadas de aceite en una sartén. Agrega la cebolla y sofríe hasta que esté transparente.

- Agrega el jengibre y el ajo y sofríe a fuego medio por un minuto.

- Agrega las gambas, el garam masala y la sal. Cocine por 5-7 minutos.

- Agrega el jugo de limón y las hojas de cilantro. Mezcle bien y deje reposar.

- Agrega sal a las papas y dales forma de empanadas. Coloque un poco de mezcla de gambas en cada hamburguesa. Sellar en bolsas y aplanar. Dejar de lado.

- Calentar el aceite en una cacerola. Enrolle las hamburguesas en pan rallado y fríalas hasta que estén doradas. Servir caliente.

Reshmi Kebab

(Brocheta de pollo en adobo cremoso)

Hace 10-12

Ingredientes

250ml / 8fl oz de crema agria

1 cucharadita de pasta de jengibre

1 cucharadita de pasta de ajo

1 cucharadita de sal

1 huevo batido

120ml / 4fl oz crema doble

500 g / 1 lb 2 oz de pollo deshuesado, picado

Método

- Mezcle la crema agria, la pasta de jengibre y la pasta de ajo. Agrega la sal, el huevo y la nata para hacer una pasta espesa.
- Marine el pollo con esta mezcla durante 2-3 horas.
- Pinche los trozos y cocine en una parrilla de carbón hasta que se doren.
- Servir caliente.

Delicia de trigo partido

Rinde 15

Ingredientes

250g / 9oz de trigo partido, ligeramente tostado

150 g / 5½ oz de mung dhal*

300 ml / 10 fl oz de agua

125 g / 4½ oz de guisantes congelados

60 g / 2 oz de zanahorias ralladas

1 cucharada de maní tostado

1 cucharada de pasta de tamarindo

1 cucharadita de garam masala

1 cucharadita de chile en polvo

¼ de cucharadita de cúrcuma

1 cucharadita de sal

1 cucharada de hojas de cilantro picadas

Método

- Remoje el trigo partido y el mung dhal en el agua durante 2-3 horas.

- Agregue los ingredientes restantes, excepto las hojas de cilantro, y mezcle bien.

- Vierta la mezcla en un molde para pastel redondo de 20 cm / 8 pulgadas. Cocine al vapor durante 10 minutos.

- Dejar enfriar y cortar en trozos. Adorna con el cilantro. Sirva con chutney de coco verde

Methi Dhokla

(Pastel de alholva al vapor)

Ingredientes

200 g / 7 oz de arroz de grano corto

150 g / 5½ oz de urad dhal*

Sal al gusto

25 g / escasa 1 oz de hojas de fenogreco, picadas

2 cucharaditas de chiles verdes

1 cucharada de crema agria

Aceite vegetal refinado para engrasar

Método

- Remojar el arroz y el dhal juntos durante 6 horas.
- Triturar hasta obtener una pasta espesa y dejar fermentar durante 8 horas.
- Agrega los ingredientes restantes. Mezclar bien y fermentar durante 6-7 horas más.
- Engrase un molde para pastel redondo de 20 cm. Vierta la masa en el molde y cocine al vapor durante 7-10 minutos.
- Sirva caliente con cualquier chutney dulce.

Empanadas de guisantes

Ingredientes

2 cucharadas de aceite vegetal refinado más extra para freír

1 cucharadita de semillas de comino

600 g / 1 lb 5 oz de guisantes cocidos, triturados

1½ cucharadita de amchoor*

1½ cucharadita de cilantro molido

Sal al gusto

½ cucharadita de pimienta negra molida

6 papas, hervidas y machacadas

2 rebanadas de pan

Método

- Caliente 2 cucharadas de aceite en una cacerola. Agrega las semillas de comino. Después de 15 segundos, agregue los guisantes, el amchoor y el cilantro. Freír durante 2 minutos. Dejar de lado.

- Agrega sal y pimienta a las papas. Dejar de lado.

- Sumerge las rebanadas de pan en agua. Exprima el exceso de agua presionándolos entre sus palmas. Retire las costras y agregue las rodajas a la mezcla de papa. Mezclar bien. Divida la mezcla en bolitas del tamaño de un limón.

- Aplana cada bola y coloca una cucharada de la mezcla de guisantes en el centro. Selle como una bolsa y vuelva a aplanar.

- Calentar el aceite en una sartén. Fríe las hamburguesas hasta que estén doradas. Servir caliente.

Nimki

(Triángulo de harina crujiente)

Hace 20

Ingredientes

500g / 1lb 2oz besan*

75g / 2½ oz de ghee

1 cucharadita de sal

1 cucharadita de semillas de comino

1 cucharadita de semillas de ajowan

200ml / 7fl oz de agua

Sal al gusto

Aceite vegetal refinado para freír

Método

- Mezclar todos los ingredientes, excepto el aceite. Amasar hasta obtener una masa firme.
- Haz bolas del tamaño de una nuez. Estirar en discos delgados. Cortar por la mitad y doblar en triángulos.
- Calentar el aceite en una sartén. Fríe los triángulos a fuego medio hasta que se doren. Enfríe y almacene en un recipiente hermético hasta por 8 días.

Dahi Pakoda Chaat

(Albóndigas de lentejas fritas en yogur)

Para 4 personas

Ingredientes

200 g / 7 oz de mung dhal*

200 g / 7 oz de urad dhal*

Jengibre de raíz de 1 cm / ½ pulgada, picado

3 cucharadas de hojas de cilantro picadas

Sal al gusto

Aceite vegetal refinado para freír

125 g / 4½ oz de chutney de tomate dulce

125 g / 4½ oz de salsa picante de menta

175 g / 6 oz de yogur, batido

½ cucharadita de sal negra

1 cucharada de comino molido, tostado en seco

3 cucharadas de mezcla Bombay*

Método

- Remoje los dhals juntos durante 4-5 horas. Escurrir y agregar el jengibre, 2 cucharadas de hojas de cilantro y la sal. Muela para hacer una masa gruesa. Dejar de lado.

- Calentar el aceite en una cacerola. Cuando empiece a humear, agrégale cucharadas de masa. Freír hasta que se doren. Escurrir sobre papel absorbente.

- Coloca las pakodas fritas en un plato para servir. Espolvoree el chutney de menta, el chutney de tomate dulce y el yogur sobre las pakodas. Espolvorea con los ingredientes restantes. Servir inmediatamente.

Kutidhal Dhokla

(Pastel de lentejas rotas)

Hace 20

Ingredientes

250 g / 8 oz de mung dhal*

150ml / 5fl oz de crema agria

Sal al gusto

1 cucharadita de pasta de jengibre

Método

- Remoje el dhal en la crema agria durante 4-5 horas. Triturar hasta obtener una pasta espesa.
- Agrega la sal y la pasta de jengibre. Mezclar bien.
- Vierta en un molde para pastel redondo de 20 cm / 8 pulgadas y cocine al vapor durante 10 minutos.
- Dejar enfriar durante 10 minutos. Picar en trozos pequeños y servir caliente.

Ghugni

(Gramo de Bengala picante)

Sirve 5-6

Ingredientes

600g / 1lb 5oz chana dhal*, empapado durante la noche

450ml / 15fl oz de agua

Pizca de bicarbonato de sodio

Sal al gusto

2 cucharadas de ghee

400 g / 14 oz de coco fresco, finamente picado

2 cucharadas de aceite de mostaza

1 cebolla grande, finamente picada

½ cucharadita de cúrcuma

1 cucharadita de comino molido

½ cucharadita de pasta de jengibre

2 chiles verdes finamente picados

2 hojas de laurel

1 cucharadita de azucar

¼ de cucharadita de canela molida

¼ de cucharadita de cardamomo molido

¼ de cucharadita de clavo molido

2 cucharadas de jugo de limón

Método

- En una cacerola, mezcla el chana dhal con el agua, el bicarbonato de sodio y la sal. Cocine por 30 minutos a fuego medio. Dejar de lado.

- Caliente 1 cucharada de ghee en una sartén. Fríe los trozos de coco. Dejar de lado.

- Calentar el aceite de mostaza en una sartén. Freír la cebolla a fuego medio hasta que se dore.

- Agrega la cúrcuma, el comino molido, la pasta de jengibre y los chiles verdes. Freír durante 3 minutos.

- Agrega el dhal cocido, los trozos de coco frito, las hojas de laurel y el azúcar. Mezclar bien.

- Espolvorea con canela, cardamomo, clavo, jugo de limón y el ghee restante. Mezclar bien para cubrir.

- Sirva caliente con puris o tal cual.

Zunka

(Curry de harina de gramo picante)

Para 4 personas

Ingredientes

750g / 1lb 10oz besan*, asado seco

400ml / 14fl oz de agua

4 cucharadas de aceite vegetal refinado

½ cucharadita de semillas de mostaza

½ cucharadita de semillas de comino

½ cucharadita de cúrcuma

3-4 chiles verdes, cortados a lo largo

10 dientes de ajo machacados

3 cebollas pequeñas, finamente picadas

1 cucharadita de pasta de tamarindo

Sal al gusto

Método

- Mezcle el besan con suficiente agua para formar una pasta espesa. Dejar de lado.

- Calentar el aceite en una cacerola. Agrega las semillas de mostaza y comino. Déjelos chisporrotear durante 15 segundos. Agrega los ingredientes restantes. Freír por un minuto. Agregue la pasta de besan y revuelva continuamente a fuego lento hasta que espese. Servir caliente.

Nabo al curry

Para 4 personas

Ingredientes

3 cucharaditas de semillas de amapola

3 cucharaditas de semillas de sésamo

3 cucharaditas de semillas de cilantro

3 cucharaditas de coco fresco rallado

125 g / 4½ oz de yogur

120ml / 4fl oz de aceite vegetal refinado

2 cebollas grandes, finamente picadas

1½ cucharadita de chile en polvo

1 cucharadita de pasta de jengibre

1 cucharadita de pasta de ajo

400 g de nabos picados

Sal al gusto

Método

- Ase en seco las semillas de amapola, sésamo y cilantro y el coco durante 1-2 minutos. Moler hasta obtener una pasta.

- Batir esta pasta con el yogur. Dejar de lado.

- Calentar el aceite en una cacerola. Agrega los ingredientes restantes. Fríelos a fuego medio durante 5 minutos. Agrega la mezcla de yogur. Cocine a fuego lento durante 7-8 minutos. Servir caliente.

Chhaner Dhalna

(Panel de estilo bengalí)

Para 4 personas

Ingredientes

2 cucharadas de aceite de mostaza más extra para freír

Paneer de 225 g / 8 oz*, cortado en cubitos

2,5 cm / 1 pulgada de canela

3 vainas de cardamomo verde

4 dientes

½ cucharadita de semillas de comino

1 cucharadita de cúrcuma

2 papas grandes, cortadas en cubitos y fritas

½ cucharadita de chile en polvo

2 cucharaditas de azúcar

Sal al gusto

250ml / 8fl oz de agua

2 cucharadas de hojas de cilantro picadas

Método

- Calentar el aceite para freír en una sartén. Añadir el paneer y freír a fuego medio hasta que se doren. Escurrir y reservar.

- Calentar el aceite restante en una cacerola. Agrega el resto de ingredientes, excepto el agua y las hojas de cilantro. Freír durante 2-3 minutos.

- Agrega el agua. Cocine a fuego lento durante 7-8 minutos. Agregue el paneer. Cocine a fuego lento durante 5 minutos más. Adorna con las hojas de cilantro. Servir caliente.

Maíz con Coco

Ingredientes

2 cucharadas de ghee

600 g / 1 lb 5 oz de granos de maíz, cocidos

1 cucharadita de azucar

1 cucharadita de sal

10 g / ¼ oz de hojas de cilantro, finamente picadas

Para la pasta de coco:

50g / 1¾oz de coco fresco rallado

3 cucharadas de semillas de amapola

1 cucharadita de semillas de cilantro

Raíz de jengibre de 2,5 cm / 1 pulgada, en juliana

3 chiles verdes

125 g / 4½ oz de maní

Método

- Muela todos los ingredientes para la pasta de coco. Calentar el ghee en una sartén. Agrega la pasta y fríe durante 4-5 minutos, revolviendo continuamente.

- Agrega el maíz, el azúcar y la sal. Cocine a fuego lento durante 4-5 minutos.

- Adorna con las hojas de cilantro. Servir caliente.

Pimiento Verde con Patata

Para 4 personas

Ingredientes

2 cucharadas de aceite vegetal refinado

1 cucharadita de semillas de comino

10 dientes de ajo finamente picados

3 papas grandes, cortadas en cubitos

2 cucharaditas de cilantro molido

1 cucharadita de comino molido

½ cucharadita de cúrcuma

½ cucharadita de amchoor*

½ cucharadita de garam masala

Sal al gusto

3 pimientos verdes grandes, cortados en juliana

3 cucharadas de hojas de cilantro picadas

Método

- Calentar el aceite en una cacerola. Agrega las semillas de comino y el ajo. Freír durante 30 segundos.

- Agrega el resto de ingredientes, excepto los pimientos y las hojas de cilantro. Sofreír a fuego medio durante 5-6 minutos.

- Agrega los pimientos. Sofreír a fuego lento durante 5 minutos más. Adorna con las hojas de cilantro. Servir caliente.

Guisantes picantes con patatas

Para 4 personas

Ingredientes

2 cucharadas de aceite vegetal refinado

1 cucharadita de pasta de jengibre

1 cebolla grande, finamente picada

2 papas grandes, cortadas en cubitos

500 g / 1 lb 2 oz de guisantes enlatados

½ cucharadita de cúrcuma

Sal al gusto

½ cucharadita de garam masala

2 tomates grandes, cortados en cubitos

½ cucharadita de chile en polvo

1 cucharadita de azucar

1 cucharada de hojas de cilantro picadas

Método

- Calentar el aceite en una cacerola. Agrega la pasta de jengibre y la cebolla. Fríelos hasta que la cebolla esté traslúcida.

- Agrega los ingredientes restantes, excepto las hojas de cilantro. Mezclar bien. Cubra con una tapa y cocine a fuego lento durante 10 minutos.

- Adorna con las hojas de cilantro. Servir caliente.

Las setas salteadas

Para 4 personas

Ingredientes

2 cucharadas de aceite vegetal refinado

4 chiles verdes, cortados a lo largo

8 dientes de ajo machacados

100 g / 3½ oz de pimientos verdes, en rodajas

400 g / 14 oz de champiñones, en rodajas

Sal al gusto

½ cucharadita de pimienta negra molida gruesa

25g / escasa 1 oz de hojas de cilantro, picadas

Método

- Calentar el aceite en una sartén. Agrega las guindillas, el ajo y los pimientos verdes. Fríelos a fuego medio durante 1-2 minutos.

- Agrega los champiñones, la sal y la pimienta. Mezclar bien. Saltear a fuego medio hasta que estén tiernos. Adorna con las hojas de cilantro. Servir caliente.

Champiñones picantes con maíz baby

Para 4 personas

Ingredientes

2 cucharadas de aceite vegetal refinado

1 cucharadita de semillas de comino

2 hojas de laurel

1 cucharadita de pasta de jengibre

2 chiles verdes finamente picados

1 cebolla grande, finamente picada

200 g / 7 oz de champiñones, cortados a la mitad

8-10 callos tiernos, picados

125 g / 4½ oz de puré de tomate

½ cucharadita de cúrcuma

Sal al gusto

½ cucharadita de garam masala

½ cucharadita de azúcar

10 g / ¼ oz de hojas de cilantro, picadas

Método

- Calentar el aceite en una cacerola. Agrega las semillas de comino y las hojas de laurel. Déjelos chisporrotear durante 15 segundos.

- Agrega la pasta de jengibre, los chiles verdes y la cebolla. Saltee durante 1-2 minutos.

- Agrega los ingredientes restantes, excepto las hojas de cilantro. Mezclar bien. Cubra con una tapa y cocine a fuego lento durante 10 minutos.

- Adorna con las hojas de cilantro. Servir caliente.

Coliflor Picante Seca

Para 4 personas

Ingredientes

750g / 1lb 10oz de cogollos de coliflor

Sal al gusto

Pizca de cúrcuma

4 hojas de laurel

750ml / 1¼ pintas de agua

2 cucharadas de aceite vegetal refinado

4 dientes

4 vainas de cardamomo verde

1 cebolla grande, en rodajas

1 cucharadita de pasta de jengibre

1 cucharadita de pasta de ajo

1 cucharadita de garam masala

½ cucharadita de chile en polvo

¼ de cucharadita de pimienta negra molida

10 anacardos, molidos

2 cucharadas de yogur

3 cucharadas de puré de tomate

3 cucharadas de mantequilla

60ml / 2fl oz de nata líquida

Método

- Cuece la coliflor con la sal, la cúrcuma, el laurel y el agua en un cazo a fuego medio durante 10 minutos. Escurrir y disponer los floretes en una fuente refractaria. Dejar de lado.

- Calentar el aceite en una cacerola. Agrega los clavos y el cardamomo. Déjelos chisporrotear durante 15 segundos.

- Agrega la cebolla, la pasta de jengibre y la pasta de ajo. Freír por un minuto.

- Agrega el garam masala, la guindilla en polvo, la pimienta y los anacardos. Freír durante 1-2 minutos.

- Agrega el yogur y el puré de tomate. Mezclar bien. Agrega la mantequilla y la nata. Revuelva por un minuto. Retirar del fuego.

- Vierta esto sobre los floretes de coliflor. Hornee a 150 ° C (300 ° F, Gas Mark 2) en un horno precalentado durante 8-10 minutos. Servir caliente.

Curry de champiñones

Para 4 personas

Ingredientes

3 cucharadas de aceite vegetal refinado

2 cebollas grandes, ralladas

1 cucharadita de pasta de jengibre

1 cucharadita de pasta de ajo

½ cucharadita de cúrcuma

1 cucharadita de chile en polvo

1 cucharadita de cilantro molido

400 g / 14 oz de champiñones, en cuartos

200 g / 7 oz de guisantes

2 tomates, finamente picados

½ cucharadita de garam masala

Sal al gusto

20 nueces de anacardo, molidas

240ml / 6fl oz de agua

Método

- Calentar el aceite en una cacerola. Agrega las cebollas. Fríelos hasta que estén dorados.

- Agrega la pasta de jengibre, la pasta de ajo, la cúrcuma, la guindilla en polvo y el cilantro molido. Saltea a fuego medio por un minuto.

- Agrega los ingredientes restantes. Mezclar bien. Cubra con una tapa y cocine a fuego lento durante 8-10 minutos. Servir caliente.

Baingan Bharta

(Berenjena asada)

Ingredientes

1 berenjena grande

3 cucharadas de aceite vegetal refinado

1 cebolla grande, finamente picada

3 chiles verdes, cortados a lo largo

¼ de cucharadita de cúrcuma

Sal al gusto

½ cucharadita de garam masala

1 tomate, finamente picado

Método

- Perforar la berenjena por todas partes con un tenedor y asar durante 25 minutos. Una vez que se haya enfriado, deseche la piel asada y triture la pulpa. Dejar de lado.

- Calentar el aceite en una cacerola. Agrega la cebolla y los chiles verdes. Freír a fuego medio durante 2 minutos.

- Agrega la cúrcuma, la sal, el garam masala y el tomate. Mezclar bien. Freír durante 5 minutos. Agrega el puré de berenjena. Mezclar bien.

- Cocine a fuego lento durante 8 minutos, revolviendo de vez en cuando. Servir caliente.

Hyderabadi vegetal

Para 4 personas

Ingredientes

2 cucharadas de aceite vegetal refinado

½ cucharadita de semillas de mostaza

1 cebolla grande, finamente picada

400 g / 14 oz de verduras mixtas congeladas

½ cucharadita de cúrcuma

Sal al gusto

Para la mezcla de especias:

2,5 cm / 1 pulgada de raíz de jengibre

8 dientes de ajo

2 dientes

2,5 cm / 1 pulgada de canela

1 cucharadita de semillas de fenogreco

3 chiles verdes

4 cucharadas de coco fresco rallado

10 anacardos

Método

- Muele todos los ingredientes de la mezcla de especias juntos. Dejar de lado.

- Calentar el aceite en una cacerola. Agrega las semillas de mostaza. Déjelos chisporrotear durante 15 segundos. Agrega la cebolla y sofríe hasta que se dore.

- Agregue los ingredientes restantes y la mezcla de especias molidas. Mezclar bien. Cocine a fuego lento durante 8-10 minutos. Servir caliente.

Kaddu Bhaji*

(Calabaza Roja Seca)

Para 4 personas

Ingredientes

3 cucharadas de aceite vegetal refinado

½ cucharadita de semillas de comino

¼ de cucharadita de semillas de fenogreco

600 g / 1 lb 5 oz de calabaza, en rodajas finas

Sal al gusto

½ cucharadita de comino molido tostado

½ cucharadita de chile en polvo

¼ de cucharadita de cúrcuma

1 cucharadita de amchoor*

1 cucharadita de azucar

Método

- Calentar el aceite en una cacerola. Agrega el comino y las semillas de fenogreco. Déjelos chisporrotear durante 15 segundos. Agrega la calabaza y la sal. Mezclar bien. Cubra con una tapa y cocine a fuego medio durante 8 minutos.

- Destape y triture ligeramente con el dorso de una cuchara. Agrega los ingredientes restantes. Mezclar bien. Cocine por 5 minutos. Servir caliente.

Muthia nu Shak

(Albóndigas de Fenogreco en Salsa)

Para 4 personas

Ingredientes

200 g / 7 oz de hojas frescas de fenogreco, finamente picadas

Sal al gusto

125 g / 4½ oz de harina integral

125 g / 4½ oz de besan*

2 chiles verdes finamente picados

1 cucharadita de pasta de jengibre

3 cucharaditas de azúcar

Jugo de 1 limón

½ cucharadita de garam masala

½ cucharadita de cúrcuma

Pizca de bicarbonato de sodio

3 cucharadas de aceite vegetal refinado

½ cucharadita de semillas de ajowan

½ cucharadita de semillas de mostaza

Pizca de asafétida

250ml / 8fl oz de agua

Método

- Mezclar las hojas de fenogreco con la sal. Dejar reposar durante 10 minutos. Exprime la humedad.

- Mezclar las hojas de fenogreco con la harina, besan, chiles verdes, pasta de jengibre, azúcar, jugo de limón, garam masala, cúrcuma y bicarbonato de sodio. Amasar hasta obtener una masa suave.

- Dividir la masa en 30 bolas del tamaño de una nuez. Aplanar ligeramente para formar las muthias. Dejar de lado.

- Calentar el aceite en una cacerola. Agregue las semillas de ajowan, mostaza y asafétida. Déjelos chisporrotear durante 15 segundos.

- Agrega las muthias y el agua.

- Cubra con una tapa y cocine a fuego lento durante 10-15 minutos. Servir caliente.

Calabaza Koot

(Calabaza al Curry de Lentejas)

Para 4 personas

Ingredientes

50g / 1¾oz de coco fresco rallado

1 cucharadita de semillas de comino

2 chiles rojos

150 g / 5½ oz de mung dhal*, remojado durante 30 minutos y escurrido

2 cucharadas de chana dhal*

Sal al gusto

500ml / 16fl oz de agua

2 cucharadas de aceite vegetal refinado

250 g / 9 oz de calabaza, cortada en cubitos

¼ de cucharadita de cúrcuma

Método

- Muele el coco, las semillas de comino y los chiles rojos hasta obtener una pasta. Dejar de lado.

- Mezclar los dhals con la sal y el agua. Cocina esta mezcla en una cacerola a fuego medio durante 40 minutos. Dejar de lado.

- Calentar el aceite en una cacerola. Agrega la calabaza, la cúrcuma, los dhals hervidos y la pasta de coco. Mezclar bien. Cocine a fuego lento durante 10 minutos. Servir caliente.

Rassa

(Coliflor y Guisantes en Salsa)

Para 4 personas

Ingredientes

2 cucharadas de aceite vegetal refinado más extra para freír

250g / 9oz de cogollos de coliflor

2 cucharadas de coco fresco rallado

Jengibre de raíz de 1 cm / ½ pulgada, triturado

4-5 chiles verdes, cortados a lo largo

2-3 tomates, finamente picados

400 g / 14 oz de guisantes congelados

1 cucharadita de azucar

Sal al gusto

Método

- Calentar el aceite para freír en una cacerola. Agrega la coliflor. Freír a fuego medio hasta que se doren. Escurrir y reservar.

- Moler el coco, el jengibre, los chiles verdes y los tomates. Caliente 2 cucharadas de aceite en una cacerola. Agrega esta pasta y fríe durante 1-2 minutos.

- Agrega la coliflor y el resto de ingredientes. Mezclar bien. Cocine a fuego lento durante 4-5 minutos. Servir caliente.

Doodhi Manpasand

(Calabaza de botella en salsa)

Para 4 personas

Ingredientes

3 cucharadas de aceite vegetal refinado

3 chiles rojos secos

1 cebolla grande, finamente picada

500g / 1lb 2oz botella de calabaza*, Cortado

¼ de cucharadita de cúrcuma

2 cucharaditas de cilantro molido

1 cucharadita de comino molido

½ cucharadita de chile en polvo

½ cucharadita de garam masala

Jengibre de raíz de 2,5 cm / 1 pulgada, finamente picado

2 tomates, finamente picados

1 pimiento verde, sin corazón, sin semillas y finamente picado

Sal al gusto

2 cucharaditas de hojas de cilantro, finamente picadas

Método

- Calentar el aceite en una cacerola. Freír los chiles rojos y la cebolla durante 2 minutos.

- Agrega los ingredientes restantes, excepto las hojas de cilantro. Mezclar bien. Cocine a fuego lento durante 5-7 minutos. Adorna con las hojas de cilantro. Servir caliente.

Tomate Chokha

(Compota de tomate)

Para 4 personas

Ingredientes

6 tomates grandes

2 cucharadas de aceite vegetal refinado

1 cebolla grande, finamente picada

8 dientes de ajo finamente picados

1 guindilla verde finamente picada

½ cucharadita de chile en polvo

10 g / ¼ oz de hojas de cilantro, finamente picadas

Sal al gusto

Método

- Asa los tomates durante 10 minutos. Pelar y triturar hasta obtener una pulpa. Dejar de lado.
- Calentar el aceite en una cacerola. Agrega la cebolla, el ajo y la guindilla verde. Freír durante 2-3 minutos. Agrega los ingredientes restantes y la pulpa de tomate. Mezclar bien. Cubra con una tapa y cocine por 5-6 minutos. Servir caliente.

Baingan Chokha

(Compota de berenjena)

Para 4 personas

Ingredientes

1 berenjena grande

2 cucharadas de aceite vegetal refinado

1 cebolla pequeña picada

8 dientes de ajo finamente picados

1 guindilla verde finamente picada

1 tomate, finamente picado

60 g / 2 oz de granos de maíz, hervidos

10 g / ¼ oz de hojas de cilantro, finamente picadas

Sal al gusto

Método

- Pincha la berenjena por todas partes con un tenedor. Ase a la parrilla durante 10-15 minutos. Pelar y triturar hasta obtener una pulpa. Dejar de lado.

- Calentar el aceite en una cacerola. Agrega la cebolla, el ajo y la guindilla verde. Fríelos a fuego medio durante 5 minutos.

- Agrega el resto de ingredientes y la pulpa de berenjena. Mezclar bien. Cocine por 3-4 minutos. Servir caliente.

Curry de coliflor y guisantes

Para 4 personas

Ingredientes

3 cucharadas de aceite vegetal refinado

¼ de cucharadita de cúrcuma

3 chiles verdes, cortados a lo largo

1 cucharadita de cilantro molido

Jengibre de raíz de 2,5 cm / 1 pulgada, rallado

250g / 9oz de cogollos de coliflor

400 g / 14 oz de guisantes verdes frescos

60ml / 2fl oz de agua

Sal al gusto

1 cucharada de hojas de cilantro finamente picadas

Método

- Calentar el aceite en una cacerola. Agrega la cúrcuma, los chiles verdes, el cilantro molido y el jengibre. Freír a fuego medio durante un minuto.

- Agrega los ingredientes restantes, excepto las hojas de cilantro. Mezclar bien a fuego lento durante 10 minutos.

- Adorna con las hojas de cilantro. Servir caliente.

Aloo Methi ki Sabzi

(Curry de patata y fenogreco)

Para 4 personas

Ingredientes

100 g / 3½ oz de hojas de fenogreco, picadas

Sal al gusto

4 cucharadas de aceite vegetal refinado

1 cucharadita de semillas de comino

5-6 chiles verdes

¼ de cucharadita de cúrcuma

Pizca de asafétida

6 papas grandes, hervidas y picadas

Método

- Mezclar las hojas de fenogreco con la sal. Dejar reposar durante 10 minutos.
- Calentar el aceite en una cacerola. Agregue las semillas de comino, los chiles y la cúrcuma. Déjelos chisporrotear durante 15 segundos.
- Agrega los ingredientes restantes y las hojas de fenogreco. Mezclar bien. Cocine durante 8-10 minutos a fuego lento. Servir caliente.

Sweet & Sour Karela

Para 4 personas

Ingredientes

500 g / 1 lb 2 oz de calabazas amargas*

Sal al gusto

750ml / 1¼ pintas de agua

Jengibre de raíz de 1 cm / ½ pulgada

10 dientes de ajo

4 cebollas grandes, picadas

4 cucharadas de aceite vegetal refinado

Pizca de asafétida

½ cucharadita de cúrcuma

1 cucharadita de cilantro molido

1 cucharadita de comino molido

1 cucharadita de pasta de tamarindo

2 cucharadas de azúcar moreno*, rallado

Método

- Pela las calabazas amargas. Cortarlos en rodajas y sumergirlos en agua con sal durante 1 hora. Enjuague y exprima el exceso de agua. Lavar y reservar.

- Muele el jengibre, el ajo y la cebolla hasta obtener una pasta. Dejar de lado.

- Calentar el aceite en una cacerola. Agrega la asafétida. Deje que chisporrotee durante 15 segundos. Agrega la pasta de jengibre y cebolla y el resto de ingredientes. Mezclar bien. Freír durante 3-4 minutos. Agrega las calabazas amargas. Mezclar bien. Cubra con una tapa y cocine a fuego lento durante 8-10 minutos. Servir caliente.

Karela Koshimbir

(Calabaza amarga triturada crujiente)

Para 4 personas

Ingredientes

500 g / 1 lb 2 oz de calabazas amargas*, pelado

Sal al gusto

Aceite vegetal refinado para freír

2 cebollas medianas, picadas

50g / 1¾oz de hojas de cilantro, picadas

3 chiles verdes finamente picados

½ coco fresco, rallado

1 cucharada de jugo de limón

Método

- Corta las calabazas amargas. Frote la sal sobre ellos y déjelos reposar durante 2-3 horas.

- Calentar el aceite en una cacerola. Agregue las calabazas amargas y fría a fuego medio hasta que estén doradas y crujientes. Escurrir, enfriar un poco y triturar con los dedos.

- Mezcle los ingredientes restantes en un bol. Agrega las calabazas y sírvelas mientras aún estén calientes.

Curry de Karela

(Curry de calabaza amarga)

Para 4 personas

Ingredientes

½ coco

2 chiles rojos

1 cucharadita de semillas de comino

3 cucharadas de aceite vegetal refinado

1 pizca de asafétida

2 cebollas grandes, finamente picadas

2 chiles verdes finamente picados

Sal al gusto

½ cucharadita de cúrcuma

500 g / 1 lb 2 oz de calabazas amargas*, pelado y picado

2 tomates, finamente picados

Método

- Rallar la mitad del coco y picar el resto. Dejar de lado.

- Asado seco el coco rallado, las guindillas rojas y las semillas de comino. Enfriar y triturar hasta obtener una pasta fina. Dejar de lado.

- Calentar el aceite en una sartén. Agrega la asafétida, la cebolla, los chiles verdes, la sal, la cúrcuma y el coco picado. Freír durante 3 minutos, revolviendo con frecuencia.

- Agregue las calabazas amargas y los tomates. Cocine por 3-4 minutos.

- Agrega la pasta de coco molida. Cocine por 5-7 minutos y sirva caliente.

Coliflor de Chile

Para 4 personas

Ingredientes

3 cucharadas de aceite vegetal refinado

Jengibre de raíz de 5 cm / 2 pulgadas, finamente picado

12 dientes de ajo finamente picados

1 coliflor, picada en floretes

5 chiles rojos, cortados en cuartos y sin semillas

6 cebolletas, cortadas por la mitad

3 tomates, blanqueados y picados

Sal al gusto

Método

- Calentar el aceite en una cacerola. Agrega el jengibre y el ajo. Freír a fuego medio durante un minuto.
- Agrega la coliflor y los chiles rojos. Sofreír durante 5 minutos.
- Agrega los ingredientes restantes. Mezclar bien. Cocine a fuego lento durante 7-8 minutos. Servir caliente.

Curry de nuez

Para 4 personas

Ingredientes

4 cucharadas de ghee

10 g / ¼ oz de anacardos

10 g / ¼ oz de almendras blanqueadas

10-12 cacahuetes

5-6 pasas

10 pistachos

10 nueces picadas

Jengibre de raíz de 2,5 cm / 1 pulgada, rallado

6 dientes de ajo machacados

4 cebollas pequeñas, finamente picadas

4 tomates, finamente picados

4 dátiles, sin semillas y en rodajas

½ cucharadita de cúrcuma

125 g / 4½ oz de khoya*

1 cucharadita de garam masala

Sal al gusto

75g / 2½ queso cheddar rallado

1 cucharada de hojas de cilantro picadas

Método

- Calentar el ghee en una sartén. Agrega todas las nueces y fríelas a fuego medio hasta que se doren. Escurrir y reservar.

- En el mismo ghee, sofreír el jengibre, el ajo y la cebolla hasta que se doren.

- Agrega las nueces fritas y todos los ingredientes restantes, excepto el queso y las hojas de cilantro. Cubra con una tapa. Cocine a fuego lento durante 5 minutos.

- Adorne con el queso y las hojas de cilantro. Servir caliente.

Daikon deja Bhaaji

Para 4 personas

Ingredientes

2 cucharadas de aceite vegetal refinado

¼ de cucharadita de comino molido

2 chiles rojos, partidos en trozos

Pizca de asafétida

400 g / 14 oz de hojas de daikon*, Cortado

300g / 10oz de chana dhal*, remojado durante 1 hora

1 cucharadita de azúcar moreno*, rallado

¼ de cucharadita de cúrcuma

Sal al gusto

Método

- Calentar el aceite en una cacerola. Agrega el comino, los chiles rojos y la asafétida.
- Déjelos chisporrotear durante 15 segundos. Agrega los ingredientes restantes. Mezclar bien. Cocine a fuego lento durante 10-15 minutos. Servir caliente.

Chhole Aloo

(Curry de garbanzos y patatas)

Para 4 personas

Ingredientes

500 g / 1 lb 2 oz de garbanzos, remojados durante la noche

Pizca de bicarbonato de sodio

Sal al gusto

1 litro / 1¾ pintas de agua

3 cucharadas de ghee

Raíz de jengibre de 2,5 cm / 1 pulgada, en juliana

2 cebollas grandes, ralladas, más 1 cebolla pequeña, en rodajas

2 tomates, cortados en cubitos

1 cucharadita de garam masala

1 cucharadita de comino molido, tostado en seco

½ cucharadita de cardamomo verde molido

½ cucharadita de cúrcuma

2 papas grandes, hervidas y cortadas en cubitos

2 cucharaditas de pasta de tamarindo

1 cucharada de hojas de cilantro picadas

Método

- Cuece los garbanzos con el bicarbonato de sodio, sal y agua en un cazo a fuego medio durante 45 minutos. Escurrir y reservar.

- Calentar el ghee en una cacerola. Agrega el jengibre y la cebolla rallada. Freír hasta que esté transparente. Agregue los ingredientes restantes, excepto las hojas de cilantro y la cebolla en rodajas. Mezclar bien. Agrega los garbanzos y cocina por 7-8 minutos.

- Adorne con las hojas de cilantro y la cebolla en rodajas. Servir caliente.

Curry de maní

Para 4 personas

Ingredientes

1 cucharadita de semillas de amapola

1 cucharadita de semillas de cilantro

1 cucharadita de semillas de comino

2 chiles rojos

25 g / escasa 1 oz de coco fresco rallado

3 cucharadas de ghee

2 cebollas pequeñas, ralladas

900g / 2lb de cacahuetes, machacados

1 cucharadita de amchoor*

½ cucharadita de cúrcuma

1 tomate grande, escaldado y picado

2 cucharaditas de azúcar moreno*, rallado

500ml / 16fl oz de agua

Sal al gusto

15 g / ½ oz de hojas de cilantro, picadas

Método

- Muela las semillas de amapola, semillas de cilantro, semillas de comino, guindillas rojas y coco hasta obtener una pasta fina. Dejar de lado.
- Calentar el ghee en una cacerola. Agrega las cebollas. Freír hasta que esté transparente.
- Agrega la pasta molida y el resto de ingredientes, excepto las hojas de cilantro. Mezclar bien. Cocine a fuego lento durante 7-8 minutos.
- Adorna con las hojas de cilantro. Servir caliente.

Frijoles Upkari

(Frijoles con Coco)

Para 4 personas

Ingredientes

1 cucharada de aceite vegetal refinado

½ cucharadita de semillas de mostaza

½ cucharadita de urad dhal*

2-3 chiles rojos, rotos

500g / 1lb 2oz de frijoles franceses, picados

1 cucharadita de azúcar moreno*, rallado

Sal al gusto

25 g / escasa 1 oz de coco fresco rallado

Método

- Calentar el aceite en una cacerola. Agrega las semillas de mostaza. Déjelos chisporrotear durante 15 segundos.
- Agrega el dhal. Freír hasta que se doren. Agrega los ingredientes restantes, excepto el coco. Mezclar bien. Cocine a fuego lento durante 8-10 minutos.
- Decora con el coco. Servir caliente.

Karatey Ambadey

(Curry de calabaza amarga y mango inmaduro)

Para 4 personas

Ingredientes

250g / 9oz de calabaza amarga*, rebanado

Sal al gusto

60 g / 2 oz de azúcar moreno*, rallado

1 cucharadita de aceite vegetal refinado

4 chiles rojos secos

1 cucharadita de urad dhal*

1 cucharadita de semillas de fenogreco

2 cucharaditas de semillas de cilantro

50g / 1¾oz de coco fresco rallado

¼ de cucharadita de cúrcuma

4 mangos pequeños verdes

Método

- Frote los trozos de calabaza amarga con sal. Dejar reposar durante una hora.
- Exprime el agua de los trozos de calabaza. Cocínelos en una cacerola con el azúcar moreno a fuego medio durante 4-5 minutos. Dejar de lado.
- Calentar el aceite en una cacerola. Agrega los chiles rojos, el dhal, el fenogreco y las semillas de cilantro. Freír por un minuto. Agrega la calabaza amarga y los ingredientes restantes. Mezclar bien. Cocine a fuego lento durante 4-5 minutos. Servir caliente.

Kadhai Paneer

(Paneer picante)

Para 4 personas

Ingredientes

2 cucharadas de aceite vegetal refinado

1 cebolla grande, en rodajas

3 pimientos verdes grandes, finamente picados

500g / 1lb 2oz paneer*, picado en trozos de 2,5 cm

1 tomate, finamente picado

¼ de cucharadita de cilantro molido, tostado en seco

Sal al gusto

10 g / ¼ oz de hojas de cilantro, picadas

Método

- Calentar el aceite en una cacerola. Agrega la cebolla y los pimientos. Freír a fuego medio durante 2-3 minutos.
- Agrega los ingredientes restantes, excepto las hojas de cilantro. Mezclar bien. Cocine a fuego lento durante 5 minutos. Adorna con las hojas de cilantro. Servir caliente.

Kathirikkai Vangi

(Curry de berenjena del sur de la India)

Para 4 personas

Ingredientes

150g / 5½ oz masoor dhal*

Sal al gusto

¼ de cucharadita de cúrcuma

500ml / 16fl oz de agua

250 g / 9 oz de berenjenas finas, en rodajas

1 cucharadita de aceite vegetal refinado

¼ de cucharadita de semillas de mostaza

1 cucharadita de pasta de tamarindo

8-10 hojas de curry

1 cucharadita de sambhar en polvo*

Método

- Mezclar el masoor dhal con sal, una pizca de cúrcuma y la mitad del agua. Cocine en una cacerola a fuego medio durante 40 minutos. Dejar de lado.

- Cocina las berenjenas con sal y la cúrcuma restante y el agua en otra cacerola a fuego medio durante 20 minutos. Dejar de lado.

- Calentar el aceite en una cacerola. Agrega las semillas de mostaza. Déjelos chisporrotear durante 15 segundos. Agrega el resto de ingredientes, el dhal y la berenjena. Mezclar bien. Cocine a fuego lento durante 6-7 minutos. Servir caliente.

Pitla

(Curry de harina de gramo picante)

Para 4 personas

Ingredientes

250 g / 9 oz de besan*

500ml / 16fl oz de agua

2 cucharadas de aceite vegetal refinado

¼ de cucharadita de semillas de mostaza

2 cebollas grandes, finamente picadas

6 dientes de ajo machacados

2 cucharadas de pasta de tamarindo

1 cucharadita de garam masala

Sal al gusto

1 cucharada de hojas de cilantro picadas

Método

- Mezclar el besan y el agua. Dejar de lado.
- Calentar el aceite en una cacerola. Agrega las semillas de mostaza. Déjelos chisporrotear durante 15 segundos. Agrega las cebollas y el ajo. Freír hasta que las cebollas estén doradas.
- Agrega la pasta de besan. Cocine a fuego lento hasta que empiece a hervir.
- Agrega los ingredientes restantes. Cocine a fuego lento durante 5 minutos. Servir caliente.

Coliflor Masala

Ingredientes

1 coliflor grande, sancochada en agua con sal

3 cucharadas de aceite vegetal refinado

2 cucharadas de hojas de cilantro finamente picadas

1 cucharadita de cilantro molido

½ cucharadita de comino molido

¼ de cucharadita de jengibre molido

Sal al gusto

120ml / 4fl oz de agua

Para la salsa:

200 g / 7 oz de yogur

1 cucharada de besan*, tostado en seco

¾ cucharadita de chile en polvo

Método

- Escurre la coliflor y córtala en floretes.
- Caliente 2 cucharadas de aceite en una sartén. Agrega la coliflor y fríelo a fuego medio hasta que se dore. Dejar de lado.
- Mezcle todos los ingredientes de la salsa.
- Caliente 1 cucharada de aceite en una cacerola y agregue esta mezcla. Freír por un minuto.
- Cubra con una tapa y cocine a fuego lento durante 8-10 minutos.
- Agrega la coliflor. Mezclar bien. Cocine a fuego lento durante 5 minutos.
- Adorna con las hojas de cilantro. Servir caliente.

Shukna Kacha Pepe

(Curry de papaya verde)

Para 4 personas

Ingredientes

150g / 5½ oz de chana dhal*, remojado durante la noche, escurrido y molido hasta obtener una pasta

3 cucharadas de aceite vegetal refinado más para freír

2 chiles rojos secos enteros

½ cucharadita de semillas de fenogreco

½ cucharadita de semillas de mostaza

1 papaya verde, pelada y rallada

1 cucharadita de cúrcuma

1 cucharada de azúcar

Sal al gusto

Método

- Divida la pasta dhal en bolas del tamaño de una nuez.
  Aplanar en discos delgados.
- Calentar el aceite para freír en una sartén. Agrega los
  discos. Freír a fuego medio hasta que se doren. Escurrir
  y romper en trozos pequeños. Dejar de lado.
- Calentar el aceite restante en una cacerola. Agrega las
  guindillas, el fenogreco y las semillas de mostaza.
  Déjelos chisporrotear durante 15 segundos.
- Agrega los ingredientes restantes. Mezclar bien. Cubra
  con una tapa y cocine a fuego lento durante 8-10
  minutos. Agrega las piezas de dhal. Mezclar bien y
  servir.

Okra seco

Ingredientes

3 cucharadas de aceite de mostaza

½ cucharadita de semillas de kalonji*

750g / 1lb 10oz okra, cortado longitudinalmente

Sal al gusto

½ cucharadita de chile en polvo

½ cucharadita de cúrcuma

2 cucharaditas de azúcar

3 cucharaditas de mostaza molida

1 cucharada de pasta de tamarindo

Método

- Calentar el aceite en una cacerola. Freír las semillas de cebolla y la okra durante 5 minutos.
- Agrega la sal, la guindilla en polvo, la cúrcuma y el azúcar. Cubra con una tapa. Cocine a fuego lento durante 10 minutos.
- Agrega los ingredientes restantes. Mezclar bien. Cocine por 2-3 minutos. Servir caliente.

Coliflor Moghlai

Para 4 personas

Ingredientes

Jengibre de raíz de 5 cm / 2 pulgadas

2 cucharaditas de semillas de comino

6-7 granos de pimienta negra

500 g / 1 libra 2 oz de cogollos de coliflor

Sal al gusto

2 cucharadas de ghee

2 hojas de laurel

200 g / 7 oz de yogur

500ml / 16fl oz de leche de coco

1 cucharadita de azucar

Método

- Muele el jengibre, las semillas de comino y los granos de pimienta hasta obtener una pasta fina.
- Marina los floretes de coliflor con esta pasta y sal durante 20 minutos.
- Calentar el ghee en una sartén. Agrega los floretes. Freír hasta que se doren. Agrega los ingredientes restantes. Mezclar bien. Cubra con una tapa y cocine a fuego lento durante 7-8 minutos. Servir caliente.

Bhapa Shorshe Baingan

(Berenjena en Salsa de Mostaza)

Para 4 personas

Ingredientes

2 berenjenas largas

Sal al gusto

¼ de cucharadita de cúrcuma

3 cucharadas de aceite vegetal refinado

3 cucharadas de aceite de mostaza

2-3 cucharadas de mostaza preparada

1 cucharada de hojas de cilantro finamente picadas

1-2 chiles verdes finamente picados

Método

- Corta cada berenjena a lo largo en 8-12 trozos. Deje marinar con la sal y la cúrcuma durante 5 minutos.

- Calentar el aceite en una cacerola. Agrega las rodajas de berenjena y cubre con una tapa. Cocine a fuego medio durante 3-4 minutos, volteando de vez en cuando.

- Batir el aceite de mostaza con la mostaza ya preparada y añadir a las berenjenas. Mezclar bien. Cocine a fuego medio por un minuto.

- Adorne con las hojas de cilantro y los chiles verdes. Servir caliente.

Verduras al horno en salsa picante

Para 4 personas

Ingredientes

2 cucharadas de mantequilla

4 dientes de ajo finamente picados

1 cebolla grande, finamente picada

1 cucharada de harina blanca normal

200 g / 7 oz de verduras mixtas congeladas

Sal al gusto

1 cucharadita de chile en polvo

1 cucharadita de pasta de mostaza

250 ml de salsa de tomate

4 papas grandes, hervidas y en rodajas

250ml / 8fl oz de salsa blanca

4 cucharadas de queso cheddar rallado

Método

- Calentar la mantequilla en una cacerola. Agrega el ajo y la cebolla. Freír hasta que esté transparente. Agrega la harina y sofríe por un minuto.

- Agrega las verduras, la sal, la guindilla en polvo, la pasta de mostaza y el ketchup. Cocine a fuego medio durante 4-5 minutos. Dejar de lado.

- Engrasar un molde para hornear. Acomoda la mezcla de verduras y las papas en capas alternas. Vierta la salsa blanca y el queso por encima.

- Hornee en un horno a 200 ° C (400 ° F, Gas Mark 6) durante 20 minutos. Servir caliente.

Tofu sabroso

Ingredientes

2 cucharadas de aceite vegetal refinado

3 cebollas pequeñas, ralladas

1 cucharadita de pasta de jengibre

1 cucharadita de pasta de ajo

3 tomates, en puré

50 g / 1¾oz de yogur griego, batido

400 g / 14 oz de tofu, picado en trozos de 2,5 cm / 1 pulgada

25g / escasa 1 oz de hojas de cilantro, finamente picadas

Sal al gusto

Método

- Calentar el aceite en una cacerola. Agrega las cebollas, la pasta de jengibre y la pasta de ajo. Sofreír durante 5 minutos a fuego medio.
- Agrega los ingredientes restantes. Mezclar bien. Cocine a fuego lento durante 3-4 minutos. Servir caliente.

Aloo Baingan

(Curry de patata y berenjena)

Para 4 personas

Ingredientes

3 cucharadas de aceite vegetal refinado

1 cucharadita de semillas de mostaza

½ cucharadita de asafétida

Jengibre de raíz de 1 cm / ½ pulgada, finamente picado

4 chiles verdes, cortados a lo largo

10 dientes de ajo finamente picados

6 hojas de curry

½ cucharadita de cúrcuma

3 papas grandes, hervidas y cortadas en cubitos

250g / 9oz de berenjenas, picadas

½ cucharadita de amchoor*

Sal al gusto

Método

- Calentar el aceite en una cacerola. Agrega las semillas de mostaza y la asafétida. Déjelos chisporrotear durante 15 segundos.

- Agrega el jengibre, los chiles verdes, el ajo y las hojas de curry. Freír durante 1 minuto, revolviendo continuamente.

- Agrega los ingredientes restantes. Mezclar bien. Cubra con una tapa y cocine a fuego lento durante 10-12 minutos. Servir caliente.

Curry de guisantes dulces

Para 4 personas

Ingredientes

500 g / 1 lb 2 oz de guisantes dulces

2 cucharadas de aceite vegetal refinado

1 cucharadita de pasta de jengibre

1 cebolla grande, finamente picada

2 papas grandes, peladas y cortadas en cubitos

½ cucharadita de cúrcuma

½ cucharadita de garam masala

½ cucharadita de chile en polvo

1 cucharadita de azucar

2 tomates grandes, cortados en cubitos

Sal al gusto

Método

- Pele los hilos de los bordes de las vainas de guisantes. Pica las vainas. Dejar de lado.

- Calentar el aceite en una cacerola. Agrega la pasta de jengibre y la cebolla. Freír hasta que esté transparente. Agregue los ingredientes restantes y las vainas. Mezclar bien. Cubra con una tapa y cocine a fuego lento durante 7-8 minutos. Servir caliente.

Curry de calabaza y patata

Para 4 personas

Ingredientes

2 cucharadas de aceite vegetal refinado

1 cucharadita de panch phoron*

Pizca de asafétida

1 guindilla roja seca, cortada en trozos

1 hoja de laurel

4 papas grandes, cortadas en cubitos

200 g / 7 oz de calabaza, cortada en cubitos

½ cucharadita de pasta de jengibre

½ cucharadita de pasta de ajo

1 cucharadita de comino molido

1 cucharadita de cilantro molido

¼ de cucharadita de cúrcuma

½ cucharadita de garam masala

1 cucharadita de amchoor*

500ml / 16fl oz de agua

Sal al gusto

Método

- Calentar el aceite en una cacerola. Agrega el panch foron. Déjelos chisporrotear durante 15 segundos.
- Agrega la asafétida, los trozos de guindilla roja y la hoja de laurel. Freír por un minuto.
- Agrega los ingredientes restantes. Mezclar bien. Cocine a fuego lento durante 10-12 minutos. Servir caliente.

Egg Thoran

(Huevo revuelto picante)

Para 4 personas

Ingredientes

60ml / 2fl oz de aceite vegetal refinado

¼ de cucharadita de semillas de mostaza

2 cebollas finamente picadas

1 tomate grande, finamente picado

1 cucharadita de pimienta negra recién molida

Sal al gusto

4 huevos batidos

25 g / escasa 1 oz de coco fresco rallado

50g / 1¾oz de hojas de cilantro, picadas

Método

- Calentar el aceite en una cacerola y freír las semillas de mostaza. Déjelos chisporrotear durante 15 segundos. Agrega las cebollas y sofríe hasta que se doren. Agrega el tomate, la pimienta y la sal. Freír durante 2-3 minutos.

- Agrega los huevos. Cocine a fuego lento, revolviendo continuamente.

- Decora con las hojas de coco y cilantro. Servir caliente.

Baingan Lajawab

(Berenjena con Coliflor)

Para 4 personas

Ingredientes

4 berenjenas grandes

2 cucharadas de aceite vegetal refinado más extra para freír

1 cucharadita de semillas de comino

½ cucharadita de cúrcuma

Jengibre de raíz de 2,5 cm / 1 pulgada, molido

2 chiles verdes finamente picados

1 cucharadita de amchoor*

Sal al gusto

100 g / 3½ oz de guisantes congelados

Método

- Corta cada berenjena a lo largo y saca la pulpa.
- Calentar el aceite. Agrega las cáscaras de berenjena. Freír durante 2 minutos. Dejar de lado.
- Caliente 2 cucharadas de aceite en una cacerola. Agrega las semillas de comino y la cúrcuma. Déjelos chisporrotear durante 15 segundos. Agrega el resto de los ingredientes y la pulpa de la berenjena. Triturar ligeramente y cocinar a fuego lento durante 5 minutos.
- Rellena con cuidado las cáscaras de berenjena con esta mezcla. Ase durante 3-4 minutos. Servir caliente.

Veggie Bahar

(Verduras en salsa de nueces)

Para 4 personas

Ingredientes

3 cucharadas de aceite vegetal refinado

1 cebolla grande, finamente picada

2 tomates grandes, finamente picados

1 cucharadita de pasta de jengibre

1 cucharadita de pasta de ajo

20 nueces de anacardo, molidas

2 cucharadas de nueces molidas

2 cucharadas de semillas de amapola

200 g / 7 oz de yogur

100 g / 3½ oz de verduras mixtas congeladas

1 cucharadita de garam masala

Sal al gusto

Método

- Calentar el aceite en una cacerola. Agrega la cebolla. Freír a fuego medio hasta que se doren. Agregue los tomates, la pasta de jengibre, la pasta de ajo, los anacardos, las nueces y las semillas de amapola. Freír durante 3-4 minutos.
- Agrega los ingredientes restantes. Cocine durante 7-8 minutos. Servir caliente.

Verduras Rellenas

Para 4 personas

Ingredientes

4 patatas pequeñas

100g / 3½ oz de quimbombó

4 berenjenas pequeñas

4 cucharadas de aceite vegetal refinado

½ cucharadita de semillas de mostaza

Pizca de asafétida

Para el llenado:

250 g / 9 oz de besan*

1 cucharadita de cilantro molido

1 cucharadita de comino molido

½ cucharadita de cúrcuma

1 cucharadita de chile en polvo

1 cucharadita de garam masala

Sal al gusto

Método

- Mezcle todos los ingredientes del relleno. Dejar de lado.
- Cortar las patatas, la okra y las berenjenas. Rellenar con el relleno. Dejar de lado.
- Calentar el aceite en una cacerola. Agrega las semillas de mostaza y la asafétida. Déjelos chisporrotear durante 15 segundos. Agrega las verduras rellenas. Cubra con una tapa y cocine a fuego lento durante 8-10 minutos. Servir caliente.

Singhi Aloo

(Baquetas con patatas)

Para 4 personas

Ingredientes

5 cucharadas de aceite vegetal refinado

3 cebollas pequeñas, finamente picadas

3 chiles verdes finamente picados

2 tomates grandes, finamente picados

2 cucharaditas de cilantro molido

Sal al gusto

5 baquetas indias*, picado en trozos de 7,5 cm

2 papas grandes, picadas

360ml / 12fl oz de agua

Método

- Calentar el aceite en una cacerola. Agrega las cebollas y los chiles. Fríelos a fuego lento durante un minuto.
- Agrega los tomates, el cilantro molido y la sal. Freír durante 2-3 minutos.
- Agrega las baquetas, las patatas y el agua. Mezclar bien. Cocine a fuego lento durante 10-12 minutos. Servir caliente.

Curry sindhi

Para 4 personas

Ingredientes

150g / 5½ oz masoor dhal*

Sal al gusto

1 litro / 1¾ pintas de agua

4 tomates, finamente picados

5 cucharadas de aceite vegetal refinado

½ cucharadita de semillas de comino

¼ de cucharadita de semillas de fenogreco

8 hojas de curry

3 chiles verdes, cortados a lo largo

¼ de cucharadita de asafétida

4 cucharadas de besan*

½ cucharadita de chile en polvo

½ cucharadita de cúrcuma

8 okras, hendidura longitudinal

10 frijoles franceses, cortados en cubitos

6-7 kokum*

1 zanahoria grande, cortada en juliana

1 papa grande, cortada en cubitos

Método

- Mezclar el dhal con la sal y el agua. Cocina esta mezcla en una cacerola a fuego medio durante 45 minutos, revolviendo de vez en cuando.

- Agregue los tomates y cocine a fuego lento durante 7-8 minutos. Dejar de lado.

- Calentar el aceite en una cacerola. Agregue el comino y las semillas de fenogreco, las hojas de curry, los chiles verdes y la asafétida. Déjalos chisporrotear durante 30 segundos.

- Agrega el besan. Freír por un minuto, revolviendo constantemente.

- Agregue los ingredientes restantes y la mezcla de dhal. Mezclar bien. Cocine a fuego lento durante 10 minutos. Servir caliente.

Gulnar Kofta

(Bolas de paneer en espinacas)

Para 4 personas

Ingredientes

150g / 5½ oz de frutos secos mixtos

200 g / 7 oz de khoya*

4 papas grandes, hervidas y machacadas

150g / 5½ oz paneer*, desmenuzado

100 g / 3½ oz de queso cheddar

2 cucharaditas de harina de maíz

Aceite vegetal refinado para freír

2 cucharaditas de mantequilla

100g / 3½ oz de espinacas finamente picadas

1 cucharadita de nata

Sal al gusto

Para la mezcla de especias:

2 dientes

1 cm de canela

3 granos de pimienta negra

Método

- Mezclar los frutos secos con el khoya. Dejar de lado.
- Muele todos los ingredientes de la mezcla de especias. Dejar de lado.
- Mezclar las patatas, el paneer, el queso y la maicena hasta formar una masa. Dividir la masa en bolas del tamaño de una nuez y aplanar en discos. Coloque una porción de la mezcla de fruta seca y khoya en cada disco y selle como una bolsa.
- Alise en bolas del tamaño de una nuez para hacer las koftas. Dejar de lado.
- Calentar el aceite en una sartén. Agrega las koftas y fríelas a fuego medio hasta que se doren. Escurrir y reservar en una fuente para servir.
- Calentar la mantequilla en una cacerola. Agregue la mezcla de especias molidas. Freír por un minuto.
- Agrega las espinacas y cocina por 2-3 minutos.
- Agrega la nata y la sal. Mezclar bien. Vierta esta mezcla sobre las koftas. Servir caliente.

Paneer Korma

(Curry rico en paneer)

Para 4 personas

Ingredientes

500g / 1lb 2oz paneer*

3 cucharadas de aceite vegetal refinado

1 cebolla grande picada

Raíz de jengibre de 2,5 cm / 1 pulgada, en juliana

8 dientes de ajo machacados

2 chiles verdes finamente picados

1 tomate grande, finamente picado

¼ de cucharadita de cúrcuma

½ cucharadita de cilantro molido

½ cucharadita de comino molido

1 cucharadita de chile en polvo

½ cucharadita de garam masala

125 g / 4½ oz de yogur

Sal al gusto

250ml / 8fl oz de agua

2 cucharadas de hojas de cilantro finamente picadas

Método

- Rallar la mitad del paneer y picar el resto en trozos de 2,5 cm.

- Calentar el aceite en una sartén. Agrega las piezas de paneer. Fríelos a fuego medio hasta que se doren. Escurrir y reservar.

- En el mismo aceite, sofreír la cebolla, el jengibre, el ajo y los chiles verdes a fuego medio durante 2-3 minutos.

- Agrega el tomate. Freír durante 2 minutos.

- Agregue la cúrcuma, el cilantro molido, el comino molido, el chile en polvo y el garam masala. Mezclar bien. Freír durante 2-3 minutos.

- Agrega el yogur, la sal y el agua. Mezclar bien. Cocine a fuego lento durante 8-10 minutos.

- Agrega los trozos de paneer fritos. Mezclar bien. Cocine a fuego lento durante 5 minutos.

- Decorar con el paneer rallado y las hojas de cilantro. Servir caliente.

Patatas Chutney

Para 4 personas

Ingredientes

100 g / 3½ oz de hojas de cilantro, finamente picadas

4 chiles verdes

2,5 cm / 1 pulgada de raíz de jengibre

7 dientes de ajo

25 g / escasa 1 oz de coco fresco rallado

1 cucharada de jugo de limón

1 cucharadita de semillas de comino

1 cucharadita de semillas de cilantro

½ cucharadita de cúrcuma

½ cucharadita de chile en polvo

Sal al gusto

750g / 1lb 10oz papas grandes, peladas y picadas en discos

4 cucharadas de aceite vegetal refinado

¼ de cucharadita de semillas de mostaza

Método

- Mezcle las hojas de cilantro, los chiles verdes, el jengibre, el ajo, el coco, el jugo de limón, el comino y las semillas de cilantro. Muele esta mezcla hasta obtener una pasta fina.
- Mezclar esta pasta con la cúrcuma, la guindilla en polvo y la sal.
- Marine las patatas con esta mezcla durante 30 minutos.
- Calentar el aceite en una cacerola. Agrega las semillas de mostaza. Déjelos chisporrotear durante 15 segundos.
- Agrega las papas. Cocínelos a fuego lento durante 8-10 minutos, revolviendo de vez en cuando. Servir caliente.

Lobia

(Curry de guisantes de ojos negros)

Para 4 personas

Ingredientes

400 g / 14 oz de guisantes de ojo negro, remojados durante la noche

Pizca de bicarbonato de sodio

Sal al gusto

1,4 litros / 2½ pintas de agua

1 cebolla grande

4 dientes de ajo

3 cucharadas de ghee

2 cucharaditas de cilantro molido

1 cucharadita de comino molido

1 cucharadita de amchoor*

½ cucharadita de garam masala

½ cucharadita de chile en polvo

¼ de cucharadita de cúrcuma

2 tomates, cortados en cubitos

3 chiles verdes finamente picados

2 cucharadas de hojas de cilantro,

picado muy fino

Método

- Mezclar los guisantes de ojo negro con el bicarbonato de sodio, sal y 1,2 litros / 2 pintas de agua. Cocina esta mezcla en una cacerola a fuego medio durante 45 minutos. Escurrir y reservar.
- Moler la cebolla y el ajo hasta obtener una pasta.
- Calentar el ghee en una cacerola. Agrega la pasta y fríelo a fuego medio hasta que se dore.
- Agregue los guisantes de ojo negro cocidos, el agua restante y todos los ingredientes restantes, excepto las hojas de cilantro. Cocine a fuego lento durante 8-10 minutos.
- Adorna con las hojas de cilantro. Servir caliente.

Vegetal Khatta Meetha

(Verduras agridulces)

Para 4 personas

Ingredientes

1 cucharada de harina

1 cucharada de vinagre de malta

2 cucharadas de azúcar

50g / 1¾oz de repollo, finamente picado en tiras largas

1 pimiento verde grande, picado en tiras

1 zanahoria grande, picada en tiras

50g / 1¾oz de judías verdes, cortadas y picadas

100 g / 3½ oz de maíz tierno

1 cucharada de aceite vegetal refinado

½ cucharadita de pasta de jengibre

½ cucharadita de pasta de ajo

2-3 chiles verdes, finamente picados

4-5 cebolletas, finamente picadas

125 g / 4½ oz de puré de tomate

120 ml de salsa de tomate

Sal al gusto

10 g / ¼ oz de hojas de cilantro, finamente picadas

Método

- Mezclar la harina con el vinagre y el azúcar. Dejar de lado.

- Mezcle el repollo, el pimiento verde, la zanahoria, las judías verdes y el maíz tierno. Steam esta mezcla en una vaporera durante 10 minutos. Dejar de lado.

- Calentar el aceite en una cacerola. Agrega la pasta de jengibre, la pasta de ajo y las guindillas. Freír durante 30 segundos.

- Agrega las cebolletas. Freír durante 1-2 minutos.

- Agrega las verduras al vapor y el puré de tomate, la salsa de tomate y la sal. Cocine a fuego lento durante 5-6 minutos.

- Agrega la pasta de harina. Cocine por 3-4 minutos.

- Adorna con las hojas de cilantro. Servir caliente.

Dahiwale Chhole

(Garbanzos en salsa de yogur)

Para 4 personas

Ingredientes

500 g / 1 lb 2 oz de garbanzos, remojados durante la noche

Pizca de bicarbonato de sodio

Sal al gusto

1 litro / 1¾ pintas de agua

3 cucharadas de ghee

2 cebollas grandes, ralladas

1 cucharadita de jengibre rallado

150 g / 5½ oz de yogur

1 cucharadita de garam masala

1 cucharadita de comino molido, tostado en seco

½ cucharadita de chile en polvo

¼ de cucharadita de cúrcuma

1 cucharadita de amchoor*

½ cucharada de anacardos

½ cucharada de pasas

Método

- Mezclar los garbanzos con el bicarbonato de sodio, sal y agua. Cocina esta mezcla en una cacerola a fuego medio durante 45 minutos. Escurrir y reservar.

- Calentar el ghee en una cacerola. Agrega las cebollas y el jengibre. Fríelos a fuego medio hasta que las cebollas estén transparentes.

- Agrega los garbanzos y el resto de ingredientes, excepto los anacardos y las pasas. Mezclar bien. Cocine a fuego lento durante 7-8 minutos.

- Adorne con los anacardos y las pasas. Servir caliente.

CPSIA information can be obtained
at www.ICGtesting.com
Printed in the USA
LVHW010248220622
721765LV00013B/1022